Theodor Euripides

Die Dramen - Die Schutzflehenden

Theodor Euripides

Die Dramen - Die Schutzflehenden

ISBN/EAN: 9783743379572

Hergestellt in Europa, USA, Kanada, Australien, Japan

Cover: Foto ©ninafisch / pixelio.de

Manufactured and distributed by brebook publishing software
(www.brebook.com)

Theodor Euripides

Die Dramen - Die Schutzflehenden

Die

Dramen des Euripides.

Verdeutscht

von

Johannes Minckwitz.

―――

Fünfzehntes Bändchen.

Die Schutzflehenden.

Verdeutscht von Dr. Wilhelm Binder.

〜〜〜〜〜〜

Stuttgart.
Hoffmann'sche Verlags-Buchhandlung.

Die Schutzflehenden.

Personen.

Aethra, die Mutter des Theseus.
Theseus, König von Athen.
Adrastos, König von Argos.
Iphis.
Evadne, seine Tochter.
Ein Bote.
Herolde.
Die **Söhne** der vor Theben gefallenen sieben Fürsten.
Athene.
Chor: Die Mütter der sieben Fürsten.
Sklaven und **Dienerinnen.**

Die Scene ist zu Eleusis in Attica, vor dem Tempel der Demeter. Wahrschein-
liche Abfassungszeit des Stückes: das dritte Jahr der 90sten Olympiade, 418 v. Chr.

Einleitung.

———

Wir haben in den „Schutzflehenden" eine der soge=
nannten Gelegenheitstragödien vor uns; es darf daher, wenn
wir auch die einzelnen Schönheiten derselben keineswegs unter=
schätzen, das von dem Dichter damit auf der Bühne gemachte
Glück wenigstens zum Theil auf Rechnung der Schmeichelei zu
setzen sein, welche das Stück für die Athener in ziemlich reichem
Maße enthält. Es wird in demselben eine alte Heldenthat
Athens verherrlicht, nämlich die den Thebanern durch einen
Sieg abgerungene Bestattung der sieben Fürsten vor Theben
und ihres Heeres zu Gunsten des argeiischen Königs Abrastos.
An diese, dem athenischen Volke heilige Ueberlieferung knüpft
nun unser Dichter ein Ereigniß des Tages. Es wurden näm=
lich die „Schutzflehenden", wie von Markland mit kaum
widerlegbaren Gründen nachgewiesen worden ist, erstmals im
dritten Jahre der 90sten Olympiade — dem fünfzehnten des
peloponnesischen Krieges — aufgeführt, als eben die Argeier
ein Bündniß mit den Lakedämoniern geschlossen hatten; es sollte
somit dieses Stück die alten Verpflichtungen jener gegen Athen
in's Gedächtniß rufen und zeigen, wie wenig Segen in Folge
des Bundesschlusses die Argeier bei diesem Kriege haben könnten.
Die „Schutzflehenden", von den Müttern der erschlagenen Hel=
ben so benannt, sind, wie schon oben angedeutet worden, nicht
ohne dichterischen Werth; zwar erscheint Theseus im Anfang
keineswegs liebenswürdig, da er dem unglücklichen Abrastos seine

Fehltritte so weitläufig und vielleicht ungerecht vorhält, ehe er ihm Hilfe gewährt; ebenso gehört der Streit des Theseus mit dem argeiischen Herold über den Vorzug der monarchischen oder demokratischen Staatsverfassung eher der Schule der Rhetoren, als der Schaubühne an, und auch die moralische Lobrede des Adrastos auf die gefallenen Helden fällt bedeutend aus dem Tone, da in ihr nicht der geschichtliche Charakter derselben gezeichnet, sondern vorzüglich ihre bürgerlichen und politischen Tugenden hervorgehoben werden. Wir erklären jedoch diesen Umstand durch eine absichtliche Anspielung unsers Dichters auf die damaligen Zeitverhältnisse und auf die Männer, die sich im Staat und Kriege besonders hervorthaten; denn ohne einen solchen Zweck wäre es doch gar zu abgeschmackt, an jenen Helden der herkulischen Zeit, an einem Kapaneus, welcher dem Himmel selbst Trotz bot, blos bürgerliche Tugenden zu preisen. Wie weit überhaupt Euripides im Stande war, durch fremde Anspielungen, sogar auf sich selbst, aus seinem Gegenstande herauszutreten, ersehen wir aus einer Rede des Adrastos, wo dieser ohne alle Veranlassung sagt: „es sei nicht billig, daß der Dichter, während er Andere durch seine Werke ergötze, selbst Ungemach leide." Dagegen sind die Leichenklagen und der Schwanengesang der Evadne rührend schön, obgleich dieselbe ganz unerwartet im buchstäblichen Sinne in das Drama hineinfällt; denn sie erscheint, ohne daß ihrer vorher im Geringsten Erwähnung geschieht, mit einem Male auf dem Felsen, von welchem sie sich in den brennenden Scheiterhaufen des Kapaneus hinabstürzt.

Der Inhalt des Stückes, welches in drei Akte zerfällt, ist folgender:

Erster Akt. Aethra, die Mutter des Theseus, erscheint vor dem Altare der Demeter in Eleusis, um daselbst ihr Gebet zu verrichten. Hier erblickt sie die schutzflehenden Mütter der sieben vor Theben gefallenen Helden, und bei ihnen den Adrastos. Sie theilt ihnen die Absicht ihres Hierseins mit, und daß sie bereits Nachricht an ihren Sohn gegeben habe, damit derselbe komme und entscheide. Der Chor beginnt seine Klagen und bittet die Aethra, da sie ja selbst auch Mutter sei, bei ihrem Sohne Theseus dahin zu wirken, daß den gefallenen Söhnen eine ehrliche Bestattung zu Theil werde. Theseus erscheint, nicht wenig erstaunt, seine Mutter von wehklagenden fremden Frauen in nicht festlichem Anzuge umgeben zu sehen. Nunmehr trägt Adrastos seine Bitte um Beistand dem Theseus selbst vor und bemerkt, nicht ohne einen Seitenhieb auf Sparta fallen zu lassen, daß er sein Vertrauen vorzugsweise auf Athen setze. Zuerst macht Theseus dem Adrastos bittere Vorwürfe, daß er, indem er seine Töchter schuldbeladenen Männern zur Ehe gegeben, den Fluch selbst auf sich herabgezogen und, hingerissen von dem Schwindelgeiste der Jugend, den Feldzug gegen Theben wider den Willen der Götter unternommen habe: unter diesen Umständen sei ihm nicht zu helfen. „Nicht, um sich Vorwürfe machen, oder gar von ihm richten zu lassen" — entgegnet Adrastos dem Theseus — „sei er gekommen, sondern um seine Hilfe nachzusuchen. Der Chor solle Himmel und Erde und die Demeter zu Zeugen nehmen, daß alle seine Bitten und Anstrengungen, den Zug gegen Theben abzuwenden, fruchtlos gewesen." Im Vertrauen auf die Verwandtschaft und die Heiligkeit des Unglücks wagt der Chor noch einen letzten Sturm auf das Herz des Theseus, und Aethra, welche sich der Thränen nicht mehr enthalten kann, ermahnt ihren Sohn, die Götter nicht zu mißachten und zu thun, was ihm seine und Athens Ehre gebiete, da ja schon die Gerechtigkeit der Sache Glück verheiße. Die Antwort, welche Theseus hierauf gab, lautete dahin, daß er dem Adrastos seine Fehltritte habe vorhalten müssen; nun aber dieses geschehen sei, wolle er, der stets die Frevler gezüchtigt habe, gerne dem Rufe der Pflicht folgen und die Leichen der Gefallenen von den Thebanern zurückfordern. Der Chor rühmt den frommen Sinn des Theseus, und fleht, daß auch seine Stadt Athen, heilige Menschenrechte ehrend, seinem Entschlusse die Zustimmung geben möge. Wie Theseus eben im Begriffe ist, einen Herold mit gemessenen Befehlen nach Theben abzusenden, kommt ihm ein thebischer Herold zuvor. Dieser begrüßt den Theseus als Alleinherrscher, und in Folge

deſſen entſpinnt ſich, da er wegen ſeines Gruſzes von dem Köni-
nige Lügen geſtraft wird, ein Streit über die Vorzüge der
monarchiſchen und demokratiſchen Staatsverfaſſung. Der the-
biſche Herold ſtellt im Namen ſeines Herrn das gebieteriſche
Verlangen, daſz Theſeus den Adraſtos ohne Weiteres fortweiſe
und ſich ſeiner und der Seinigen in keiner Weiſe annehme,
worauf Theſeus erwibert: nicht den Krieg wolle er, ſondern
nur der uralten, in ganz Hellas heiligen Sitte, nämlich dem
Rechte der Todten auf Beſtattung, ihre Achtung verſchaffen;
erſt dann, wann die Thebaner dieſes Recht auch fürder ver-
höhnten, werde er zu den Waffen greifen. Als nun aber der
Herold erklärt, Theben beharre auf der Nichtherausgabe der
Todten, wird der Krieg angekündigt. Theſeus zieht in den
Kampf; dem Adraſtos gebietet er zurückzubleiben, damit ſein
Miſzgeſchick dem Unternehmen nicht ſchade, ihm dagegen, dem
reinen Feldherrn, werde der Beiſtand der Götter nicht fehlen.
Der Chor äuſzert ſich zuerſt bang über den Ausgang des
Kampfes; doch werden die gerechten Götter auf Noth und
Trübſal endlich die Stunde der Erlöſung ſchlagen laſſen.

Zweiter Akt. Bei den Zurückgebliebenen, dem Adraſtos und den Frauen des Chors, ſtellt ſich ein vormals gefan-
gener und jetzt befreiter Diener des Kapaneus ein, welcher dem
atheniſchen Heere als Siegesbote vorausgeeilt war. Er be-
ſchreibt die Schlacht an Elektra's Thor in Theben, deren Au-
genzeuge er war, und ſpendet namentlich dem Feldherrntalente
des Theſeus groſzes Lob. Durch dieſen Sieg wird der Glaube
des Chors an das Walten der Götter auf's Herrlichſte gerecht-
fertigt; auch Adraſtos ſpricht ſein unbedingtes Vertrauen auf
den göttlichen Rathſchluſz aus, und rügt den Uebermuth der
Menſchen, die ſich ſelbſt durch den Krieg ſo viel Unheil bereiten. Der Bote kündigt an, daſz der Zug mit den Leichen der
Helden bereits annahe. Beim Anlangen deſſelben auf der
Bühne beginnt der Chor die Trauerklage, worin Adraſtos mit
ihm wechſelt. Auf die von Theſeus an Adraſtos gerichtete
Bitte, die attiſche Jugend mit den Helden, deren Muth er
ſelbſt vor Thebens Veſten, die ſie zu ſtürmen gewagt, würdigen

gelernt habe, näher bekannt zu machen, hält Adrastos denselben der Reihe nach eine Lobrede. Nun wird Anstalt gemacht, sämmtliche Leichen auf einem Scheiterhaufen zu verbrennen; nur dem vom Blitze getroffenen Kapaneus soll, als heiligem Todten, ein besonderes Grab bereitet werden. Während der Chor wieder eine Leichenklage anstimmt, sieht man bereits den Scheiterhaufen des Kapaneus auflodern. Da erscheint seine Gemahlin Evadne auf dem den Tempel der Demeter überragenden Felsen, dem Holzstoße gegenüber. Sie will aus Liebe zu ihrem Gatten zugleich mit diesem den Tod in den Flammen finden. Rührend nimmt sie Abschied vom Leben, ihren Ruhm in der Wiedervereinigung mit dem Gemahl suchend, ihren Kindern aber ein reineres Eheglück wünschend. Aber auch der Greis Iphis erscheint, um die Asche seines Sohnes Eteokles abzuholen, und zugleich die von Hause entwichene Tochter aufzusuchen, welche er hier findet. Nur allmälig offenbart ihm Evadne ihren heroischen Entschluß, und kaum hat sie ausgeredet, so stürzt sie sich in den lodernden Scheiterhaufen. Unter verzweifelnden Klagen entfernt sich der greise, lebenssatte Vater.

Dritter Akt. Die Söhne der gefallenen sieben Helden bringen die Reste ihrer Väter in Aschenkrügen herbei. Erneuerte Wechselklage zwischen den Müttern und den Knaben, wobei letztere jedoch die Zuversicht aussprechen, den Tod ihrer Väter einst noch rächen zu dürfen. Theseus bietet dem Adrastos und den Frauen die Asche der Todten zum Geschenk an, verpflichtet sie dadurch zur ewigen Dankbarkeit gegen Athen und schärft den Knaben noch besonders ein, das Andenken an die empfangene Wohlthat von Geschlecht zu Geschlecht fortzupflanzen. Freudig versprechen sie dieses und schicken sich schon zum Abschied an; da — erscheint die Göttin Athene. Sie fordert den Theseus auf, er solle, ehe die Knaben mit der Asche ihrer Väter abzögen, dem Adrastos im Namen von ganz Argos einen Eid abnehme, „daß die Argeier nicht nur selbst nie ein feindliches Heer gegen Athen führen, sondern auch, wenn dieß sonst von irgend einer Seite her geschähe, es auf

jede Weise verhindern wollen." Den Knaben aber gibt Athene
die Verheißung, daß sie einen zweiten Rachezug gegen Theben
unternehmen, und als „Epigonen" bei der Nachwelt fortleben
werden. Mit kindlicher Ergebenheit willfahrt Theseus dem Be-
fehle seiner Schutzgöttin, und auch der Chor verspricht, demselben Folge zu leisten.

Erster Akt.

Erste Scene.

Aethra steht vor dem Altare der Demeter und ist eben im Begriffe zu opfern. In einiger Entfernung erblickt sie den **Chor** und bei diesem den **Abrastos**.

Aethra.

Demeter, die Eleusis' [1] Fluren du beschirmst,
Und ihr, die ihr im Tempel dieser Göttin dient,
Verleihet Heil mir und dem Theseus, meinem Sohn,
Athene's Bürgern Heil und auch des Pittheus Land [2],
Allwo der Vater einst im hochbeglückten Haus   5
Mich Aethra aufzog und Pandions Sohne dann,
Dem Aegeus, mich zur Gattin gab, nach Phöbos' Spruch.
So fleh' ich, mit dem Blick auf diese Greisinnen,
Die, kommend aus der Heimat, vom Argeierland,
Schutz suchend mit dem Oelzweig, meine Knie' umfahn,   10
Graunhaftes Leiden duldend; denn vor Kadmos' Thor [3]

---

[1] Eleusis, ein der Demeter (Ceres) besonders geheiligter Flecken in Attika, wo alle fünf Jahre zu Ehren dieser Göttin die berühmten eleusinischen Feste, zu deren Feier ganz Griechenland zusammenströmte, begangen wurden.

[2] Tröjene, eine Stadt im Peloponnes, wo Pittheus, Aethra's Vater, regierte.

[3] Theben, von Kadmos, dem Sohne des phönizischen Königs Agenor erbaut, als er, seine von Zeus entführte Schwester Europe suchend, nach Böotien gekommen war.

Beraubte sieben edler Söhne sie der Tod,
Die einst Adrastos, Argos' Fürst, dahin geführt,
Auf daß er einen Theil am Reich des Oedipus
Dem Polyneiles, seinem flücht'gen Schwiegersohn,   15
Verschaffte. Den vom Speer Gefallnen wollen nun
Ein Grab die Mütter weihen in der Erde Schooß;
Allein die Sieger hindern es und lassen nicht
Hinweg sie holen, göttlichem Gebot zu Trotz.
Von gleicher Last gedrücket, fleht um Hilfe mich   20
Adrastos an, mit thränenfeuchtem Blick; das Schwert
Beseufzend und den unheilvollen Kriegeszug,
Den aus der Heimat er entsendet, liegt er da.
Der treibt mich, daß ich meinen Sohn erweichen soll,
Der Todten, sei's durch Worte, sei's durch Speereskraft,   25
Sich anzunehmen, und für's Grab besorgt zu sein.
Und dieß Geschäft vertraut er einzig meinem Sohn
Und den Athenern. Eben tret' ich, für die Saat
Mein Opfer darzubringen, aus dem Haus heraus
Zu diesem Heiligthum, allwo zuerst die Frucht   30
Der Aehren aufgesproßt ist über diesem Land.
Und haltend dieses Laubgewind⁴), das ohne Band
Mich bindet⁵), harr' ich hier am heil'gen Herd der zwei
Göttinnen, Kore's und Demeter's⁶), denn es grämt
Mich dieser greisen, kinderlosen Mütter Loos.   35
Ich ehr' auch heil'ge Kränze: darum geht mir auch
Zur Stadt ein Herold, der den Theseus rufen soll,
Daß er von ihrem Land abwende dieses Leid,
Wo nicht, den Zwang, den dieses Flehen auferlegt,
Durch Sühnung löse: Alles nur mit männlichem   40
Beistand zu thun, geziemet ja den weisen Fraun.

---

⁴) Die dargebotenen Oelzweige der Schutzflehenden.

⁵) D. h. lediglich durch die Kraft der Religion.

⁶) Beide, Kore (Persephone) die Tochter, und Demeter die Mutter, wurden gemeinschaftlich zu Eleusis verehrt,

Chor.
Erste Strophe.

O vernimm das Flehen, Greisin,
Aus der Greisinnen Munde, die
Zu den Knie'n dir sinken!
Ach, erlöse doch uns die Söhne   45
Aus dem Leichengewühle, wo
Ihr Gebein zurück sie ließen
Im gliedlösenden Tod, den Thieren
Des Waldgebirges zum Fraß.

Erste Gegenstrophe.

Siehe den vom Auge kläglich   50
Niederrinnenden Thränenstrom,
Und am graugelockten
Haupt die Striemen von unsern Fäusten!
Klagt' ich nicht, da die sterbenden
Söhn' ich weder in der Heimat   55
Schmücken durfte, noch auf den Gräbern
Ein Erdenhügel sich hebt?

Zweite Strophe.

Du gebarst auch, herrliches Weib, ein
Söhnchen bereinst, und botest
Liebend das Lager dem Gatten.   60
O, so theile mir deinen Rath,
So viel mir mit, als der Tod mich
Derer grämt, die ich gebar,
Doch berede deinen Sohn, dem flehend
Wir nahn, daß hin er zum Ismenos [7]   65
Zieh', in die Hände mir Armen
Zu legen mein einst blühendes,
Nun grabloses Geschlecht.

---

[7] D. h. nach Theben, in dessen Nähe der kleine Fluß Ismenos war.

Zweite Gegenstrophe.

Nicht geweiht [3]), durch Noth nur gedränget,
Komm' ich zum glutumstrahlten   70
Herde der Götter und flehe
Auf den Knie'n, und mein Flehen ist
Gerecht, doch dein ist die Macht, als
Hochbeglückte Mutter, uns
Aus der Trübsal zu befrein; von Jammer   57
Gebeugt, fleh' ich, den verblichnen Sohn
Mir in die Hände zu legen,
Daß meines Kindes kläglichen
Leib umschlinge mein Arm.

Dritte Strophe.

Die Dienerinnen.

Ein neuer Kampf hebt an, Leib wechselt ab mit Leib,   80
Vom Schlag ertönt der Busen der Dien'rinnen.

Die Mütter.

Herbei, ihr Mitklagenden,
Herbei, ihr Mittrauernden,
Zum Chor, der den Hades ergötzt!
Wang' und wunden Körper färbe   85
Blutigroth der weiße Nagel,
Denn Todtenehr' ist Schmuck für die, so leben.

Dritte Gegenstrophe.

Der Seufzer drangsalvolle, unersättliche
Begier ergreift mich, wie von dem steilen Fels
Hinab das Geträpfel rinnt,   90
Kein Ziel dem Geheule setzt.
Denn, raffet die Kinder der Tod,
Regt der Drang sich bei den Frauen,
Ihre Seufzer auszustöhnen.
Ach, könnt' im Tod ich dieses Leid vergessen!   95

---

[3]) Nicht in frommer Absicht.

Zweite Scene.

Theseus erscheint. **Aethra. Adrastos. Chor.**

Theseus, sich nähernd.

Welch Seufzen hört' ich, welch ein Schlagen auf die Brust,
Und welche Todtenklage, deren Wiederhall
Vom Tempel hertönt! Furcht beflügelt mir den Schritt,
Es möchte meiner Mutter, die ich, weil so lang
Von Haus sie fort ist, such', Etwas begegnet sein.   100
Ha!
Was gibt's? Ein neu Ereigniß zeigt sich meinem Blick:
Die greise Mutter sitzt an des Altares Fuß,
Und fremde Fraun um sie, die nicht nur e i n e n Ton
Des Unglücks geben, denn aus greisem Aug' entfällt   105
Den Jammernden die Thräne, die den Boden netzt;
Auch Kleidung und geschornes Haar sind festlich nicht.
Was soll das, Mutter? Dir gebührt's, zu künden mir,
Und mir, zu hören: etwas Neues wartet mein.

Aethra.

Mein Sohn, die Mütter jener Söhne sind die Fraun,
Die ihren Tod gefunden bei des Kadmos Thor,   110
Der sieben Feldherrn. Flehend stehn sie rings um mich,
Oelzweige vor sich haltend, wie du siehst, mein Kind.

Theseus.

Und wer ist Jener, der so kläglich seufzt am Thor [9])?

Aethra.

Adrastos, wie man sagt, der Argos' Reich beherrscht.

Theseus.

Und um ihn diese Knaben? Seine Kinder wohl?   115

Aethra.

Nein, Söhne jener Fürsten, die gefallen sind.

---

[9]) Des Tempels.

Theseus.

Was nahn sie uns, die Hand zum Flehen ausgestreckt?

Aethra (auf Adrastos und den Chor weisend).

Ich weiß es; doch sie sagen dir es besser, Sohn.

Theseus (zu Adrastos gewendet).

Dich frag' ich, der du mit dem Mantel dich verhüllt;
Enthülle dein Gesicht, lass' ab vom Grame, sprich!　　　　120
Denn Nichts geschieht, wenn nicht die Zunge sich bewegt.

Adrastos.

O sieggekrönter Herrscher im Athenerland,
Theseus, um Hilfe bitt' ich dich und deine Stadt!

Theseus.

Wonach verlangst du, welchen Dienst erwartest du?

Adrastos.

Du weißt, welch unglücksel'gen Heereszug ich that.　　　　125

Theseus.

Nicht schwieg der Ruf von deinem Zug durch Hellas' Land.

Adrastos.

Und da verlor ich der Argeier Edelste.

Theseus.

Das sind die Folgen stets des jammervollen Kriegs.

Adrastos.

Zurück verlangt' ich diese Todten von der Stadt.

Theseus.

Vertrauend Hermes' Boten, daß du sie begrübst?"　　　　130

Adrastos.

Doch ihre Mörder überlassen sie mir nicht.

---

[19] Die abgesendeten Herolde standen unter dem Schutze des Götterboten Hermes (Mercur).

Theseus.

Was bringen sie denn vor? Gerecht ist doch dein Wunsch.

Adrastos.

Was? Glückliche verstehn das Glück zu tragen nicht.

Theseus.

So kamst du, Rath zu holen? oder weßhalb sonst?

Adrastos.

Heimbringen wollest, Theseus, Argos' Söhne du.   135

Theseus.

Wo ist denn euer Argos? Hat's umsonst geprahlt?

Adrastos.

Wir sind gefallen, suchen aber Schutz bei dir.

Theseus.

Ist's deine Meinung nur, ist's die des ganzen Volks?

Adrastos.

„Ein Grab den Todten!" — so flehn alle Danaër.

Theseus.

Was triebst du sieben Schaaren gegen Theben auch?   140

Adrastos.

Den beiden Schwiegersöhnen that ich dieß zulieb.

Theseus.

Wem gabst in Argos deine Töchter du zu Fraun?

Adrastos.

Mit keinem Eingebornen schloß ich Schwägerschaft.

Theseus.

So gabst du denn Argeiermädchen Fremblingen?

Adrastos.

Dem Tydeus und Polyneikes ¹¹), der aus Theben stammt.   145

---

¹¹) Tydeus und Polyneikes, beide aus ihren väterlichen Reichen vertrieben, hatten von Adrastos das Versprechen erhalten, daß er sie wieder einsetzen wolle,

Theſeus.

Und welche Reigung trieb bich zu der Schwägerſchaft?

Adraſtos.

Des Phöbos räthſelhafter Spruch berückte mich.

Theſeus.

Was ſprach Apoll bezüglich deiner Töchter Eh'?

Adraſtos.

Daß ich dem Eber und dem Leun ſie geben ſoll.

Theſeus.

Und wie erklärteſt du des Gotts Drakelſpruch?   150

Adraſtos.

Zwei Flüchtlinge erſchienen Nachts vor meinem Thor —

Theſeus.

Wer war's und Wer? Du redeſt ja von zween zumal.

Adraſtos.

Tydeus und Polyneikes; Beide ſtritten ſich.

Theſeus.

Und dieſen gabſt, wie Thieren, du die Töchter hin?

Adraſtos.

Der Kampf kam mir wie der von zwei Unthieren vor.   155

Theſeus.

Weßhalb verließen ihrer Heimat Gränzen ſie?

Adraſtos.

Tydeus floh aus der Heimat wegen Brudermords [12]).

Theſeus.

Und was vertrieb aus Theben den Sohn des Oedipus?

---

und zwar zuerſt Polyneikes, dann Tydeus, der deßhalb auch den Krieg gegen
Theben bald zu Ende geführt wünſchte.

[12]) Er hatte, ohne es zu wiſſen, ſeinen Bruder Melanippos getödtet.

Adrastos.

Des Vaters Fluch, um Brudermord nicht zu begehn.

Theseus.

So nennst du weise diese selbstgewählte Flucht.   160

Adrastos.

Doch die zu Hause [13]) kränkten den, der ferne war.

Theseus.

Hat seines Erbantheils der Bruder ihn beraubt?

Adrastos.

Ihm Recht zu schaffen zog ich aus: ich ging zu Grund.

Theseus.

Frugst du die Seher? Beschautest du die Opferglut?

Adrastos.

Ach! du bedrängst mich, wo am meisten ich gefehlt.   165

Theseus.

Nicht zogst du — scheint es — mit der Huld der Götter aus.

Adrastos.

Noch mehr, ich zog, gewarnt von Amphiaraos [14]).

Theseus.

So leicht hast du gewendet dich vom Göttlichen?

Adrastos.

Der jungen Männer Schreien hat mich übertäubt.

---

[13]) Eteokles und seine Partei.

[14]) Amphiaraos, ein vornehmer Argeier, angeblich ein Sohn des Apollon, von dem er die Gabe der Weissagung erhalten hatte. Er erscheint hier als Warner des Adrastos, sah aber auch seinen eigenen Tod vor Theben voraus und verbarg sich deßhalb. Jedoch von seiner Gattin Eriphyle an Polyneikes um ein Halsband verrathen, wurde er mit Gewalt nach Theben geführt und versank mit seinem Wagen in der geöffneten Erde; Hygin. Fab. 70. 73. 128. 250. Apollodor 1, 8, 2.

Theseus.

Der gute Muth galt mehr dir, als der gute Rath,   170
Was viele Feldherrn schon zu Grund gerichtet hat.

Adrastos.

Doch du, der Häupter stärkstes im Hellenenland,
Athene's Fürst, zwar schäm' ich mich, zu Füßen dir
Zu fallen, mit der Hand die Knie' dir zu umfahn,
Ich greiser Mann, ein hochbeglückter Herrscher einst,   175
Doch heißt die Noth mich weichen meinem Mißgeschick:
Rett' uns die Todten, Mitleid zolle meinem Leid
Und dem der Mütter jener Umgekommenen,
Die graues Alter drückt bei Kinderlosigkeit.
Hierher den fremden Fuß zu setzen wagten sie,   180
Der mühsam nur die greisen Glieder fortbewegt:
Nicht zum geheimen Dienst Demeters abgesandt,
Nein, Todte zu bestatten, während besser sie
Des Grabes Ehr' empfingen durch der Söhne Hand.
Klug ist's, wenn auf die Armuth blickt der Glückliche,   185
Und wenn empor der Arme zu dem Reichen schaut,
Indem er selber eifrig strebt nach Geld und Gut,
Das Elend aber fürchtet, wer kein Leiden fühlt.
Muß doch der Dichter auch die Lieder, die er schafft,
In froher Stimmung schaffen; hat er diese nicht,   190
So kann auch Andre, bei selbsteigner Kümmerniß,
Er nicht ergötzen, denn er hat kein Recht dazu.
Du fragst vielleicht; weßhalb vermied'st du Pelops' Land?
Weßhalb läd'st diese Müh' du den Athenern auf?
Mir liegt die Pflicht ob, anzugeben dir den Grund.   195
In Sparta sind sie roh gesinnt, verschmitzter Art,
Die Andern klein und schwach; doch deine Stadt allein
Vermag es, über sich zu nehmen dieses Werk.
Voll Mitleid schaut sie unser Weh; sie hat an dir,
O Jüngling, einen guten Hirten; mancher Staat   200
Ging schon, weil solcher Feldherr ihm gefehlt, zu Grund.

Chor.

Dasselbe Wort, wie dieser, sprech' auch ich zu dir:
Erbarme dich, o Theseus, meines Mißgeschicks!

Theseus.

Mit dieser Rede lag ich gegen Andre schon
Im Streit, wenn Einer sagte, daß des Schlechten sich   205
Mehr, als des Guten, finde bei den Sterblichen.
Ich habe stets das Gegentheil von dem geglaubt,
Daß Gutes mehr, als Schlechtes, bei den Menschen sei:
Denn, wär' es nicht so, schauten nimmer wir das Licht.
Ich lob' ihn, jenen Gott, der aus der thierischen   210
Verwirrung unser Leben abgemessen, der
Zuerst den Geist, die Sprache dann uns gab, des Worts
Verkünderin, die jeden Laut erkennen läßt;
Der mit der Erde Frucht uns nährt, und Feuchtigkeit
Vom Himmel träufelt, die des Bodens Keim' erzieht,   215
Und unsern Leib erquickt. Auch gegen Winterfrost
Beschützt er uns, und wehret ab des Gottes [15]) Glut;
Er lehret Seefahrt uns, damit im Tauschgeschäft
Wir uns verschaffen, was dem eignen Lande fehlt.
Auch Dunkles, was nicht deutlich sich erkennen läßt,   220
Das deuten aus dem Feuer uns die Seher, aus
Der Eingeweide Lagen und dem Vogelflug.
Ist's nun nicht Uebermuth, da solch ein Leben uns
Der Gott beschert hat, wenn uns dieses nicht genügt?
Wenn unser Sinn noch über Göttermacht hinaus   225
Zu streben sucht, und eitler Dünkel uns verführt,
Noch weiser sein zu wollen, als die Himmlischen?
Von dieser Classe scheinst du mir zu sein, du Thor,
Da du die Töchter, weil Apollons Spruch dich band,
An Fremde gabst, als wirkten das die Himmlischen,   230
Und, mit dem Schlamme mischend deines Stammes Glanz,
Dein Haus entehrt hast; denn der weise Mann vermischt

---

[15]) D. h. des Sonnengottes.

Schuldlose Leiber nie mit schuldbelasteten:
Beglückte Freunde sucht er für sein Haus sich aus.
Denn gleich Geschick verhängt die Gottheit jedem Theil,   235
Und während sie den Kranken straft, verderbt sie auch
Den, der gesund [16]) und keiner Schuld bewußt sich ist.
So hast in deinem Zug ganz Argos du geführt,
Taub gegen alle Seher Prophezeihungen,
Und, Trotz den Göttern bietend, deine Stadt verderbt,   240
Dem jungen Volk nachgebend, das, der Ehre nur
Sich freuend, Krieg auf Krieg häuft wider alles Recht,
Der Stadt zum Schaden: dieser, daß er Feldherr sei,
Der, daß er freveln könne, wenn er Macht erlangt,
Ein Andrer um Gewinn, ganz sorglos, ob das Volk   245
Geschädigt werde, wenn ihm Solches widerfährt.
Drei Arten nämlich finden bei den Bürgern sich:
Die eine, reich, unbrauchbar, strebet stets nach mehr;
Die andre, dürftig, der des Lebens Nothdurft fehlt,
Ist ungestüm, und stets beherrscht vom Neide, schnellt   250
Den gift'gen Pfeil sie gegen die Besitzenden,
Vom Maulgebrasche schlimmer Leiter irrgeführt.
Die Dritt', inmitten stehend, ist des Staates Hort,
Sie schützt die Ordnung, die das Volk sich selbst gesetzt.
Wie könnt' ich nun dein Helfer sein in diesem Kampf?   255
Was brächt' ich Schönes vor bei meiner Bürgerschaft?
Gehab' dich wohl! Was sollen wir, räthst du dir selbst
Nicht gut, noch vollends niederbeugen dein Geschick [17])?

Chor.

Er hat gefehlt; doch trifft die Schuld das junge Volk,
Drum laß' ihm immerhin Verzeihung angedeihn!   260

---

[16]) Ich lese mit Hermann: τὸν οὐ νοσοῦντα, statt des handschriftlichen συννοσοῦντα, was unserem Sprichworte: „der in demselben Spital mit
ihm krank liegt" entsprechen würde.
[17]) Durch Theilnahme an dem Kriege dein sinkendes Geschick beschleunigen;
Ludwig. Anders, aber minder richtig, versteht Bothe die Stelle: „denn nicht
heilsam räthst du an, das Schicksal selbst herabzuziehn auf unser Haupt."

Adrastos.

Zu dir, als unserm Arzt, o Herrscher, kamen wir;
Nicht wählten wir zum Richter unsrer Leiden dich.
Ergibt sich's, daß ich ungeschickt Was ausgeführt,
Sei du, o Fürst, mein Tadler nicht, noch Züchtiger,
Mein Helfer vielmehr. Bist du dazu nicht geneigt,   265
So muß dein Spruch mir gnügen: was auch sollt' ich thun?
Auf, greise Frauen, eilet, laßt allhier zurück
Der wohlgewundnen Kränze frischgesproßtes Grün;
Die Götter ruft, die Erd' und Fackelträgerin [19]
Demeter, auch der Sonne Licht zu Zeugen an,   270
Daß fruchtlos bei den Göttern ihr ihn angefleht.

Chor.

* * * * * * * * * * * *

Er, der des Pelops Sohn war. Wir auch kamen her
Aus Pelops' Land, in uns fließt gleicher Ahnen Blut.
Was willst du? Preis uns geben? Diese Greisinnen
Verstoßen? Ihnen Nichts gewähren, was sie flehn?   275
Nicht doch! Zuflucht ja beut dem Thier die Felsenkluft,
Dem Knecht der Götterherd, Stadt flüchtet sich zu Stadt,
Wann Wetterstürme drohn, denn unter Sterblichen
Ist Nichts, das ungetrübten Glückes sich erfreut.
Auf, Unselige, auf von Persephone's heiligem Boden!   280
Auf, umfass' ihm die Knie' und strecke die Hand ihm entgegen,
Daß er die Leichen der Söhne zurück dir bring'! O, ich Aermste,
Was für Jünglinge sanken mir hin an den Mauern des Kadmos!
Wehe mir, fasset, erhebet, geleitet, regieret die
Entkräfteten Greisenarme!   285
Ja, bei dem Bart, o Geliebter, dem Volke von Hellas Bewährtester,
Fleh' ich Unsel'ge dich an, und umfasse das Knie und die Hand dir;
Schenke der Klag' um die Kinder Gehör,
Die ich, als Bettlerin nahend, in Tönen der Trauer erhebe;

---

[18] Nach der handschriftlichen Lesart: ἐν νέοισι, mit Bezug auf V. 241.
[19] Mit Fackeln suchte Demeter ihre von Pluton geraubte Tochter Persephone.

Nicht unbestattet im Lande des Kadmos, dem Wild zum Vergnügen, 290
Lasse die Jünglinge liegen, die gleich dir an Jahren — so fleh' ich — !
Blick' auf die Thränen, die mir, die zu Füßen dir sinkt, aus den Augen
Strömen, und gönn' uns, ein Grab zu bereiten für unsere Kinder!
(Aethra bricht in Thränen aus.)

Theseus.

Was weinst du, Mutter, mit dem zarten Schleier dir
Das Aug' umhüllend? Rührt dich so das klägliche   295
Gejammer dieser Frauen? Mich durchdrang es auch.
Doch, heb' empor dein weißes Haupt und weine nicht,
Du sitzest ja an Deo's heil'gem Opferherd [20]).

Aethra.

Weh, weh!

Theseus.

Beseufze doch nicht Andrer Mißgeschick!

Aethra.

Ach, arme Fraun!

Theseus.

Gehörst doch du darunter nicht.   300

Aethra.

Sohn, soll ich sagen, was dich und die Bürger ehrt?

Theseus.

Allweg; viel Kluges kam doch schon von Frauen her.

Aethra.

Bedenklich macht das Wort mich, das mein Inn'res birgt.

Theseus.

Ein böses Wort, das man geheim vor Freunden hält.

Aethra.

Nicht will ich schweigen, will dereinst mich tadeln nicht,   305
Daß jetzt ich schwieg, wo Schweigen nicht am Orte war,

---

[20]) Deo, s. v. a. Demeter. Bei allen Opfern und Festen, namentlich bei denen der Demeter, war jede Trauer, als Unglück bedeutend, verpönt.

Noch auch, aus Furcht, ein schönes Wort aus Frauenmund
Sei nutzlos, unterdrücken, was ich Gutes weiß.
Drum rath' ich dir vor Allem, Sohn, gedenke stets
Der Götter, nie verfehle durch Mißachtung dich: 310
Denn hierin fehlt oft, wer auch weis' in Andrem ist.
Zudem, wenn, ohne daß ein Unrecht ist geschehn,
Muth zu beweisen wäre, gänzlich schwieg' ich dann.
Nun aber bringt dir Ehre diese That, mein Sohn,
Und furchtlos mahn' ich dich, dieß ungezähmte Volk,   315
Das Leichname zurückhält, Grabesehre nicht
Und Todtenfeier ihnen zuerkennen will,
Zu dieser Pflicht durch beinen Arm zu nöthigen,
Und benen, die, was Brauch ist durch ganz Griechenland,
Zerstören, Einhalt zu gebieten: das allein   320
Ist's, was die Städte Sterblicher zusammenhält,
Wenn treulich man bewahret ihre Satzungen.
Auch könnte Jemand sagen: aus Unmännlichkeit
Habst du des Ruhmes Kranz, der beiner Stadt sich bot,
Zurückgewiesen, mit bem wilden Eber[21] zwar   325
Den Kampf bestanden, eine leichte That vollbracht;
Wo's aber galt, Speerspitzen anzuschaun und Helm
Im ernsten Streite, habest du dich feig gezeigt.
O, thue doch nicht also, wenn mein Sohn du bist!
Siehst du, wie deine Vaterstadt, als unbedacht   330
Geschmäht von Schmähern, ähnlich bem Gorgonenhaupt
Den Blick erhebt? Gefahr ist's, die den Ruhm ihr mehrt;
Die Städte, beren Thaten dunkel stets umhüllt,
Verbleiben auch im Dunkel aus Bedachtlichkeit.
Willst jenen Todten bu, den armen Frauen, die   335
Auf beine Hilfe warten, nicht beistehn, o Sohn?
Da nur Gerechtigkeit dich antreibt, fürcht' ich Nichts;
Und Kadmos' Volk, bas immer nur beglückt ich sah,

---

[21] Der Eber, welchen Theseus in Kromyon, einem Flecken bei Korinth, erlegt hatte.

Wird — also hoff' ich — andre Würf im Würfelspiel
Noch thun, denn Alles wandelt stets die Gottheit um.   340

Chor.

Geliebte, heilsam deinem Sohne, wie mir selbst,
Ist, was du sprachst; zwiefache Freude schaffet es.

Theseus.

Mein Wort, o Mutter, das an den gerichtet ich,
Beruht auf gutem Grunde, denn ich sagt' ihm nur,
Durch was für Rath er sich zu Grund gerichtet hat.   345
Doch das erkenn' ich auch, daß deine Mahnungen
Nicht meiner Art entsprechen, fern mich von Gefahr
Zu halten; denn, nachdem viel Schönes ich vollbracht,
Macht' ich in Hellas mit dem Brauche mich vertraut,
Als der zu gelten, der den Frevel stets bestraft: 350
Drum kann unmöglich diesem Dienst ich mich entziehn.
Weß würden meine Hasser mich beschuldigen,
Wenn du, o Mutter, die so sehr für mich erbangt,
Zuerst mich mahnst, dem Dienste mich zu unterziehn?
Ich eil' an's Werk, die Todten auszulösen, sei's   355
Durch gute Worte, sei es durch des Speers Gewalt.
So sei's: sind doch die Götter nicht mißgünstig mir;
Doch wünscht' ich auch der ganzen Stadt Einwilligung:
Sie wird erfolgen, weil ich's will; vergönn' ich nur
Das erste Wort dem Volk, stimm' ich's mir freundlicher,   360
Denn diese Herrschaft hab' ich bei ihm eingeführt,
Daß gleiches Stimmrecht ich den freien Bürgern gab.
Nun soll Adrast, als meines Worts Bekräftiger,
Mit mir vor's Volk hintreten; hab' ich das für mich,
Kehr' ich zurück mit auserles'nen Jünglingen   365
Athene's, und gewaffnet lagernd, send' ich hin
Zu Kreon, ihm abfordernd jene Leichname.
Die heil'gen Kränze nehmet nun, ihr Greisinnen,
Der Mutter ab ²²), daß ich sie führ' in Aegeus' Haus,

---

²²) Wenn die Hülfeflehenden die Oelzweige derjenigen Person, welcher sie ble-

Die theure Hand erlassend; denn unglücklich ist   370
Ein Kind, das seinen Eltern nicht mit Dank vergilt;
Wer aber schönstens ihnen dienet, der empfängt
Von seinen Kindern auch, was er den Eltern that.

(Aethra und Theseus gehen ab.)

Dritte Scene.

Chor.

Erste Strophe.

Du, Rossennährerin, Argos, mein Vaterland,
Vernahmest, vernahmest du, wie der Herrscher [23]   375
Ehre den Göttern erweist,
Dem mächtigen Pelasgerreich,
Und dir, o Argos?

Erste Gegenstrophe.

O, daß zum Ziel meiner Leiden, und weiter noch
Er endlich gelangte, die blut'ge Zierde [24]   380
Brächte den Müttern zurück,
Durch Hilf' im Land des Jnachos [25]
Sich Lieb' erwürbe!

Zweite Strophe.

Gar schönen Schmuck erwirbt den Städten frommer Dienst,
Und Dank, der unaufhörlich währt.   385
Was wird die Stadt beschließen? Wird sie freundlich sich

---

selben dargereicht hatten, wieder abnahmen, so war dies ein Zeichen, daß ihre
Bitte erhört sei. Verharrte Theseus bei seinem vorigen Entschlusse, so mußte er
den Zeus, den Schutzgott der Hilfestehenden (Ζεὺς ἱκετήσιος), durch Opfer vorher
versöhnen.

23) Theseus.

24) Diese Zierde der Mütter bestand eben in den Leichnamen ihrer im Kampfe
gefallenen Söhne.

25) So heißt Argos, weil Jnachos dessen erster König war.

Mit uns verbünden, unsre Söhn'
Ein Grab empfahn?

Zweite Gegenstrophe.

Hilf doch der Mutter, hilf ihr doch, o Pallas' Stadt,
Beflecke nicht der Menschen Recht!   390
Du ehrst ja die Gerechtigkeit, bist abgeneigt
Dem Unrecht, zeigst dich in der Noth
Als Retter stets.

Vierte Scene.

Theseus kommt mit einem Herolde zurück. Der Chor.

Theseus zu dem Herolde.

Längst schon dich dem Berufe widmend, dienest du
Der Stadt und mir, und trägst Botschaft von Ort zu Ort.   395
Nun überschreit' Asopos' und Ismenos [26]) Fluth,
Und also sprich zum Zwingherrn des Thebanerlands:
Theseus, dein Nachbarfürst, sucht um die Leichname,
Sie zu bestatten, gütlich nach; er hofft Gewähr,
Daß werth die Freundschaft dir der Erechthiden sei.   400
Falls sie's gewähren wollen, kehr' ohn' Aufenthalt
Zurück; doch weigern sie's, dann sei dein zweites Wort:
Er möge nur erwarten meiner Schilde Tanz.
Gemustert lagert schon und kampfbereit das Heer
Beim heil'gen Quell Kallichoros [27]) im Waffenschmuck.   405
Gern unterzog und freudig meine ganze Stadt
Der Mühe sich, da mich entschlossen sie gesehn. —
Ha! Wer ist's, der hier zwischen meine Rede tritt?
Ein Herold aus des Kadmos Stadt, vermuth' ich fast.
Vielleicht, daß meiner Absicht er entgegenkommt.   410
Verzeuch noch: möglich, daß er dir die Müh' erspart.

---

[26]) Zwei Flüsse bei Theben, gegen Attika hin.
[27]) Ein in der Nähe von Eleusis gelegener, der Demeter geweihter Quell.

Fünfte Scene.

Ein Herold aus Theben tritt auf. Die Vorigen.

Herold.

Wer ist des Lands Beherrscher? Wem soll melden ich
Die Worte Kreons? Wer gebeut in Kadmos' Reich,
Seit Eteokles, durch des Polyneikes Hand,
Des Bruders, vor der Stadt mit sieben Thoren fiel?   415

Theseus.

Gleich beim Beginne deiner Rede lügst du, Freund;
Du suchst hier einen Zwingherrn; doch die Stadt wird nicht
Von einem Mann beherrschet, sondern sie ist frei.
Das Volk regiert mit unter sich abwechselnder
Gewalt ein Jahr hindurch; der Reichthum gilt ihm nicht   420
Das Meiste, gleiches Recht hat auch der Dürftige.

Herold.

Dieß Eine gibst du, wie beim Würfelspiel, mir wohl
Zum Besten; denn die Stadt, die mich gesendet hat,
Ist einem Manne, nicht dem Pöbel unterthan.
Da bläht nicht Einer durch Geschwätz die Bürger auf,   425
Und dreht für seinen Vortheil da- und dorthin sie.
Wer jetzt beliebt ist, weil er reichlich Gunst erwies,
Wird bald drauf schädlich, und durch neue Tücke nur
Die alten Fehler bergend, bleibt er ungestraft.
Und wiederum, wenn Keiner es durch Rede lenkt,   430
Wie führte wohl das Volk des Staates Ruder gut?
Die Zeit allein gibt, nicht die Eile, bessere
Belehrung. Wer in Dürftigkeit das Land bebaut,
Ist, wenn auch ohne Kenntniß nicht, durch sein Geschäft
Gehemmt, den Blick zu richten auf's gemeine Wohl.   435
Gar schmerzlich ist's gerade für die Besseren,
Wenn ein verworf'ner Mann zu Ehr' und Würde kommt,
Der Nichts zuvor war, durch Geschwätz das Volk gewann.

Theseus (zur Fig).

Ein feiner Herold, nebenbei ein Schwätzer auch!
(Zum Herold gewendet.)
Doch, weil auch du zu streiten wageft solchen Streit,   440
So höre; du begannest ja das Wortgefecht.
Nichts fchädigt mehr den Staat, als Herrschaft eines Manns,
Wo — was doch Allem vorgeht — kein gemein Gefetz
Besteht, ein Herr ist, welcher das Gefetz in sich
Allein hat, so daß nimmer gleiches Recht besteht.   445
Doch, wo Gefetze schriftlich aufgezeichnet sind,
Genießt der Schwache mit dem Reichen gleiches Recht,
Und gleiche Sprache darf der Schwäch're wider den
Beglückten führen, wenn in schlechtem Ruf er steht;
Und wenn er Recht hat, siegt der Kleine Großen ob.   450
Auch das ist Freiheit, wenn man ruft: Wer ist gewillt,
Gemeiner Stadt mit gutem Rathe beizustehn?
Wer dieses will, der strahlt hervor, wer aber nicht,
Verhält sich still. Wo ist im Staate gleich'res Recht?
Fürwahr, ein Volk, das unumschränkt im Lande herrscht,   455
Freut stets bereiter, jugendlicher Bürger sich.
Ein König aber hält's für feindlich ihm gesinnt,
Und jeden Edeln, welcher ihm zu danken scheint,
Ermordet er, weil ihm für seine Herrschaft bangt.
Wie ftünd' es da wohl um des Staates Sicherheit,   460
Wenn Einer, wie man Aehren pflückt vom Lenzgefild,
Die Kühnheit wegrafft und die Jugendblüthe knickt?
Wer schaffte Lebensgüter seinen Kindern noch,
Damit der Zwingherr mehr erziele für sich selbst?
Wer zöge noch zu Hause Töchter ehrsam auf,   465
Zur Freud' und Luft des Herrschers, wenn es dem beliebt,
Und sich zum Jammer? Leben möcht' ich nimmermehr,
Wenn Zwang in's Brautbett meine Kinder führte. —
Das ist es, was entgegen ich dir schleudern wollt'.
Allein, in welcher Absicht kamst du her zu uns?   470
Du solltest heulen, kämest aus der Stadt du nicht,
Nutzloser Schwätzer! Denn ein Bote soll, sobald

Er seinen Auftrag ausgerichtet, unverweilt
Heimkehren. Künftig sende Kreon Boten mir
In meine Stadt, die weniger geschwätzig sind!"   475

Chor.

Ach, ach, wie troßen Böse doch, wenn ihnen Glück
Die Gottheit gab, als ob es immer dauerte!

Der Herold.

Nun gönn' auch mir das Wort. Bezüglich unsers Streits
Magst du der Meinung sein, ich gegentheiliger.
Demnach verbiet' ich und des Kadmos ganzes Volk,   480
Daß man Adrastos eingehn laß' in dieses Land,
Und, ist er hier, du, eh' noch sinkt des Gottes [29] Strahl,
Die heil'ge Pflicht der Kränze lösend, aus dem Land
Ihn treibest, auch nicht mit Gewalt die Leichname
Heimholest, da dich Argos Sache nicht berührt.   485
Folgst du, so wirst du ohne Wellenschlag das Schiff
Des Staats fortsteuern, andern Falls stürmt schwerer Krieg
Auf uns und dich und deine Kampfgenossen ein.
Erwäg' auch das, daß etwa nicht im Zorne du,
Als Herrscher über eine freie Bürgerschaft,   490
Vertrauend deinem Arm, mich stolz abfertigest.
Nichts ist so schlimm, als Hoffnung, die viel Städte schon
Entzweit hat, weil zum Uebermuth sie aufgereizt.
Denn, kommt der Krieg zur Abstimmung im Bürgerrath,
Denkt Keiner, daß der Tod ihn selber treffen kann;   495
Er wälzt das Unheil immer nur dem Andern zu.
Wenn aber beim Abstimmen Jedem stets der Tod
Vorschwebte, nie sänk' Hellas hin durch Speereswuth.
Nun kann doch zwischen zwei Begriffen Jedermann
Den bessern unterscheiden, Unrecht von dem Recht,   500

---

28) Nämlich das Volk, welches sich einer solchen freien Verfassung und Re-
gierung erfreut.
29) Des Sonnengottes.

Und auch, um wie viel Friede beſſer ſei, denn Krieg;
Denn jener iſt der Muſen allerliebſter Freund,
Feind aller Noth, freut wohlgerathner Kinder ſich,
Iſt froh bei Reichthum. Aber wir, verkehrten Sinns,
Verſchmähen dieſes, wählen Krieg, zum Knechte macht   505
Der Menſch den ſchwächern Menſchen, und der Staat den Staat.
So willſt gefallnen Feinden du nun Helfer ſein,
Sorgfältig die beſtatten, die ihr Trotz geſtürzt.
Geſchah's mit Unrecht, daß der Leib des Kapaneus [30]),
Vom Blitz getroffen, hochab von der Leiter dampft,   510
Die er an's Thor gelehnt, und zu zerſtören ſchwur
Die Burg, ob Will es eines Gottes ſei, ob nicht?
Verſchlang Charybdis jenen Vogelſchauer [31]) nicht,
In ihren Schlund den Wagen reißend ſammt Geſpann?
Auch andre Feldherrn liegen vor den Thoren noch,   515
Von Steingeſchoſſen ihrer Knochen Naht zerſchlitzt.
Wenn du nicht anſprichſt, weiſer noch als Zeus zu ſein,
So glaube, daß mit Recht die Frevler untergehn.
Allerſt muß ſeine Kinder doch ein weiſer Mann,
Und dann die Eltern lieben und ſein Vaterland,   520
Das er erhöhn, nicht ſtürzen ſoll. Gar oft geräth
Ein kühner Feldherr, oft ein Schiffer in Gefahr:
Klug iſt, wer ruhig ſich verhält zur rechten Zeit;
Und dieſe Vorſicht iſt es, die den Mann bewährt.

Adraſtos.

Genug ſchon iſt es, daß uns Zeus gezüchtigt hat,   525
Doch euch gebührt mit nichten ſolcher Uebermuth,
Du Schuft!

---

[30]) Kapaneus, Sohn der Hipponoos und der Aſtynome, Gemahl der Evadne, einer der ſieben Fürſten vor Theben, wurde, weil er die Götter verachtete, und ſelbſt die Gewalt des Zeus verhöhnte, durch deſſen Blitzſtrahl getroffen und todt von der Sturmleiter herabgeſtürzt; Hygin. 68; Apollodor 3, 6; Properz. 2, 34, 40.
[31]) Amphiaraos (ſ. oben V. 167) verſank mit ſeinem Wagen in die geöffnete Erde. Nach ſeinem Tode wurden ihm an verſchiedenen Orten Tempel geweiht und er als Gott verehrt.

Theseus.

Sei still, Abrastos, zähme deinen Mund,
Nicht eile meiner Rede mit der deinen vor;
Denn nicht an dich ward dieser Herold abgesandt,
Er kam zu mir, drum muß auch ich antworten ihm.   530
Zuerst vernimm auf das, was ich zuerst gesagt,
Die Antwort. Nicht erkenn' als Herrn ich Kreon an,
Noch als so mächtig, daß zu solcher That Athen
Er zwingen könnte. Rückwärts würd' in ihrem Lauf
Die ganze Welt ja gehn, wenn e r uns meisterte.   535
Ich bin's ja nicht, der diesen Krieg begonnen hat,
Noch zog mit diesen (auf Abrastos deutend) in's Kabmeerland ich aus.
Nur Leichen will ich, nicht verfehren eure Stadt,
Nicht Kampf erregen, welcher Tod den Männern bringt,
Nach Pflicht bestatten, sämmtlicher Hellenen Brauch   540
Bewahrend. Sollte das nicht lobenswürdig sein?
Wenn auch gelitten ihr von den Argeiern habt,
Sie starben: wacker widerstandet ihr dem Feind,
Auf ihnen liegt die Schmach, die Rach' ist abgethan [32]).
Laßt nun mit Erde decken die Verblichenen!   545
Von wannen Jedes kam in diese Leibsgestalt,
Dahin auch kehrt's zurück: der Geist zum Aetherraum,
Der Leib zur Erde; denn nicht unser Eigenthum
Ist dieser, nur allein das Leben wohnt in ihm,
Und einst muß die, so ihn genähret [33]), ihn empfahn.   550
Glaubst du, nur Argos sei geschmäht, wenn Todten du
Bestattung weigerst? Nein, ganz Hellas theilt die Schmach,
Wenn Einer Todten ihr gebührend Recht entzieht,
Sie unbestattet läßt; denn Kleinmuth käme selbst
Die Tapfern an, wenn Kraft erhielte dieser Brauch.   555
Ihr, die ihr zu mir kommt und mir so schrecklich droht,

---

[32]) Sinn: es ist eueren Feinden schlimm genug gegangen, daß sie ihr Unternehmen mit dem Leben büßen mußten; von einer Rache, die man jetzt noch an
ihren Leichnamen dadurch ausüben will, daß man ihnen die gebührende Bestattung
versagt, kann nicht mehr die Rede sein.

[33]) Nämlich die Erde.

Habt Angst vor Todten, wann der Erde Schooß sie birgt,
Daß Was nicht komme? Daß euch die Begrabnen nicht
Das Land zerwühlen? Tief im Erdgrund Kinder nicht
Erzeugen, die dereinst als Rächer auferstehn?   560
Welch ungeschickte Wortverschwendung das doch ist,
Wenn leere Furcht schmachvoll dabei sich offenbart!
Ihr Thoren, lernt erkennen doch der Menschen Noth!
Ein steter Kampf ist unser Leben: glücklich sind
Die Einen plötzlich, Andre spät erst, Andre bald.   565
Hochmüthig ist der Dämon [34]), denn der Leidende
Hält hoch in Ehren ihn, damit er glücklich sei;
Und auch der Reiche, fürchtend, daß sein Hauch entweich',
Erhebt ihn bis zum Himmel. Dieß erkennend, muß
Mit Maß es tragen wer gekränkt ward, nicht mit Groll,   570
Nur Rache nehmen, die dem Staat nicht wehe thut.
Was soll's nun? Laß bestatten diese Leichname
Uns, die wir gern erfüllen solche fromme Pflicht,
Wo nicht — das sei dir klar — geschieht es mit Gewalt;
Denn niemals werd' es kundbar im Hellenenland,   575
Daß ein Gebrauch, so alt und heilig, der an mich
Gelangt' und an Pandions Stadt, geschändet ward.

Chor.

Sei unverzagt! Denn, wenn des Rechtes Licht du schirmst,
Entgehst du manchem Tadelwort aus Menschenmund.

Herold.

Willst du gestatten, daß ich kurz antworte dir?   580

Theseus.

Sprich nach Belieben, denn das Schweigen kennst du nicht.

Herold.

Nie führest Argos' Söhn' aus diesem Land du fort.

Theseus.

Nun hör' auch meine Gegenantwort, wenn's beliebt.

---

[34]) Der Gott des Glückes.

Herold.

Ich höre; denn auch Andern werd' ihr Recht zu Theil.

Theseus.

Von Asopos' Fluren hol' ich zur Bestattung sie.   585

Herold.

Dann mußt du erst mit Schilden schweren Kampf bestehn.

Theseus.

Viel andre Mühsal hab' ich ja bestanden schon.

Herold.

Gab's dir der Vater [35]), daß du Mann für Alle bist?

Theseus.

Für alle Frevler; Wackere bestraf' ich nicht.

Herold.

Viel macht ihr euch zu schaffen, du und deine Stadt.   590

Theseus.

Viel hat sie durchgemacht, viel Glück genießt sie nun.

Herold.

Komm nur, empfangen wird dich der Gesä'ten [36]) Speer.

Theseus.

Wie käm' aus Drachenzähnen solch ein wilder Krieg?

Herold.

Du wirst's empfinden; jetzt spricht noch der Jünglingstrotz.

---

[35]) Eine Spottrede, welche der Herold dem Theseus zuwirft. Aegeus, der Vater des Theseus, mußte nämlich von dem Kreterkönige Minos, dessen Sohn er getödtet hatte, eine harte Belagerung aushalten und, durch Hunger und Pest gezwungen, demselben jedes siebente Jahr sieben Jünglinge und sieben Jungfrauen in das berüchtigte Labyrinth senden, wo sie von dem Minotaures verschlungen wurden. Theseus befreite die Athener von diesem schmählichen Tribute.

[36]) Die „Gesäeten" (σπαρτοί) hießen die Thebaner, als Nachkommen der fünf Helden, welche aus den von Kadmos gesäeten Zähnen eines Drachen entsprossen waren.

8 *

Theseus.

Nie bringst du mich bis dahin, daß mein Zorn entbrennt   595
Ob deiner Prahlerein. Doch, fort jetzt aus dem Land!
Nimm auch die leeren Reden, die du brachtest, mit,
Denn damit wird Nichts ausgerichtet.

(Der Herold entfernt sich.)

Frisch heran,
Ihr Schwerbewehrten und ihr Wagenlenker all',
Ihr Rosse, mit dem Stirnschmuck prangend, denen Schaum   600
Das Maul umtriefet, rücket in's Thebanerland!
Denn hin will ich zu Kadmos' sieben Thoren ziehn,
Selbst haltend in der Faust das scharfgeschliffne Schwert,
Und selbst mein Herold.

(Zu Adrastos:)

Dir befehl' ich: bleib allhier,
Adrastos, und vermische mit dem meinen nicht   605
Dein Schicksal; denn mit meinem Schutzgeist will zum Kampf
Ich ziehn, ein reiner Feldherr mit dem reinen Speer.
Nur Eins bedarf ich: daß die Götter zu mir stehn,
Sie, die das Recht beschützen; hab' ich diesen Hort,
Wird Sieg mir auch beschert. Nichts frommt die Tapferkeit   610
Dem Menschen, wenn der Götter Huld nicht mit ihm ist.

(Ab.)

Sechste Scene.

Adrastos. Der Chor.

Chor.

Erste Strophe.

Erster Halbchor.

O der unseligen Feldherrn unsel'ge Mütter,
Wie mir erblassende Furcht unter dem Herzen zittert!

Zweiter Halbchor.

Welch unerhörten Laut erhebest du?

Erster Halbchor.

Der Pallas Kriegesheer wird schlichten diesen Streit.   615

Zweiter Halbchor.

Meinst du, durch Lanzen, oder ein versöhnend Wort?

Erster Halbchor.

Gewinn wohl wär's. Allein, wenn grauser Mord
Und Kämpf' und brustschlagende Stöß' am selben Ort
Von Neuem treten zu Gesicht:
Wo möcht' ein Wort ich Arme,   620
Wo, da ja mein die Schuld ist, finden?

Erste Gegenstrophe.

Zweiter Halbchor.

Doch den vom Glücke Bestrahlten kann auch das Schicksal
Wiederum stürzen, und das ist's, was den Muth mir stärket.

Erster Halbchor.

Die Götter sei'n gerecht, behauptest du.

Zweiter Halbchor.

Wer, außer ihnen, theilet aus die Schickungen?   625

Erster Halbchor.

Gar mannigfach ist gegen Menschen Götterstim.

Zweiter Halbchor.

Furcht wegen früh'rer Leiden quält dich noch.
Die Rache ruft Rache, der Mord hervor den Mord;
Doch Lindrung schafft nach Mißgeschick
Dem Sterblichen die Gottheit,   630
Die selber Alles führt zum Ziele.

(Abrastos steht in Trauer versunken.)

Zweite Strophe.

Erster Halbchor.

Gelangten zu der Siebenthürme Flur [37]) wir doch,

---

[37]) In die Ebene von Theben. Der Chor wünscht die frohe Botschaft vom

Kallichoros' göttlichen Quell verlassend!

Zweiter Halbchor.

Verschaffte doch ein Gott mir Fittige,
Der doppelströmigen [38]) Stadt zu nahn.   635

Erster Halbchor.

Sehn könntest du daselbst,
Sehn deiner Freunde Loos.

Zweiter Halbchor.

Welches Loos jedoch, welch Schicksal
Wartet sein, des muthigen
Herrschers [39]) dieses Landes?   640

Zweite Gegenstrophe.

Erster Halbchor.

Die oft gerufnen Götter ruf' ich wieder an;
Beut dieses der Furcht doch die höchste Bürgschaft.

Zweiter Halbchor.

Auf Zeus, du, unsrer Ahnin, der Färse
Gemahl, der Tochter des Inachos! [40])

Erster Halbchor.

Sei Helfer dieser Stadt,   645
O, steh' mit Huld mir bei!

Zweiter Halbchor.

Deinen Schmuck, die Pfeiler unsrer

Ausziehen der Athener eiligst dahin zu bringen. — Kallichoros' göttlichen Quell.
S. Anm. 27.

[38]) So heißt Theben, weil in der Nähe dieser Stadt die beiden Flüsse Asopos
und Ismenos sich vereinigten.

[39]) Des Theseus.

[40]) Jo, die Tochter des alten Argoserkönigs Inachos, ward von Zeus geliebt,
und deßhalb von der eifersüchtigen Here in eine Kuh verwandelt.

Stabt, die jetzt geschmäheten [41]),
Bringe mir [42]) zum Holzstoß.

Zweiter Alt.

Erste Scene.

Ein Bote tritt auf. **Abraßos.** Der **Chor.**

Bote.

Ihr Fraun, viel Freud'ges euch zu melden, komm' ich her.   650
Gerettet selber — denn ich ward in jener Schlacht
Gefangen, wo das Heer der sieben Fürsten, die
Den Tod gefunden, kämpfte bei der Dirke Fluthen —
Verkünd' ich Theseus' Sieg. Das viele Reden soll
Erspart euch sein: Dienstmann war ich des Kapaneus,   655
Den Zeus mit seines Blitzes Strahl versenget hat.

Chor.

Schön klingt, o Freund, was du von deiner Wiederkehr,
Und was von Theseus meldest; doch, wenn glücklich auch
Das Heer Athens, dann bringst du lauter frohe Mähr.

Bote.

Ganz glücklich, und gethan hat's, wie mit Argos' Heer   660
Abraßos thun gesollt, als er vom Inachos [43])
Gezogen kam, um anzugreifen Kadmos' Burg.

Chor.

Wie aber hat dem Zeus Trophäen Aegeus' Sohn,

---

[41]) Die sieben vor Theben erschlagenen Helden heißen „Der Schmuck des Zeus," weil dieser ihnen, als Nachkommen der Jo, besonders gewogen ist. Geschmäht sind sie, in sofern ihnen von den Thebanern die Bestattung verweigert ward.

[42]) Ἐκκόμζέ μοι, mit Hermann, nach einer Emendation Musgrav's. statt des gewöhnlichen ἐκκομίζομαι.

[43]) Ein Fluß bei Argos.

Und die mit ihm zum Kampf gezogen, aufgestellt?
Sprich! Du warst Zeug', erfreue die, die nicht es sahn.   665

Bote.

Der lichte Sonnenstrahl, der helle Zeiger, glänzt'
Auf Erden schon. Ich schaute bei Elektra's Thor
Von einem Thurm, der weiten Blick gewährte, zu.
Da sah ich drei Heerhaufen dreier Stämme [44]) nahn:
Der eine, schwerbewaffnet Volk, zog weit hinauf   670
Sich zum ismen'schen Hügel, wie beredet war;
Auch ihn, den Herrscher, Aegeus' hochberühmten Sohn,
Und, die am rechten Flügel sich zu ihm gestellt,
Die Bürgerschaft der alten Kekropidenstadt,
Und Strandbewohner links, mit Speeren wohlbewehrt,   675
Gerad' an Ares' Quell [45]); jedoch die Reiterei
Am Saum des Heers zu beiden Seiten aufgestellt
In gleicher Zahl, und die vom Wagen Kämpfenden
Befanden bei Amphions [46]) heil'gem Denkmal sich.
Doch Kadmos' Volk war vor den Mauern aufgestellt,   680
Die Todten hinter ihm, um die gestritten ward.
Der Reiterei stand gegenüber Reiterei,
Und Wagen vierbespannten Wagen ebenso.
Des Theseus Herold aber sprach zu Allen so:
Schweigt still, ihr Völker! Schweigend, ihr Kadmeerreihn,   685
Hört mich! Der Todten wegen kamen wir daher,
Sie zu bestatten Willens, Aller-Griechen Brauch

---

[44]) Die Eintheilung des attischen Volkes in drei Classen (Stämme), Paraler (Strandbewohner), Pediäer (Bewohner des innern Binnenlandes) und Diakrier (Bergbewohner), wird insgemein dem Solon zugeschrieben, wahrscheinlich aber war sie schon älter. Sie stimmt indeß wenig zu unserer Stelle, wo blos die Bewohner des Binnenlandes den Strandbewohnern entgegengesetzt, die Athener aber, wie es scheint, als ein eigener dritter Stamm von dem schmeichelnden Dichter hervorgehoben werden. Bothe.

[45]) Es ist dieß eben der Quell der Dirke, v. 653.

[46]) Ein alter König von Theben, Sohn der Antiope und des Zeus, und Gemahl der Niobe, hochberühmt als Tonkünstler; er soll durch sein Spiel die Steine bewegt haben, daß sie selbst zur Erbauung der Mauern von Theben herbeikamen; Hygin. 7. 8. 9. Apollodor 3, 5, 5.

Bewahrend, nicht verlangend nach noch weiterm Mord.
Doch nicht ein Wort sprach Kreon als Erwiderung;
Nein, schweigend stand in Waffen er. Jetzt ward der Kampf   690
Begonnen von den Lenkern jedes Viergespanns:
Sie stellten, während Einer stets dem Anderen
Vorfuhr, die Wagenkämpfer auf zum Speergefecht;
Die schlugen mit dem Schwert sich durch, die lenkten
Die Rosse wider ihre Wagengegner um.   695
Wie Phorbas aber, der die Reiter führete
Der Erechthiden, dieß Gewirr der Wagen sah,
Und die, so Kadmos' Reiterei befehligten,
Begannen sie den Kampf: man siegt' und ward besiegt.
Da sah, nicht hört' ich nur — denn ich befand mich dort,   700
Wo Wagenkampf und Kampf der Reiter tobete —
Des Schrecklichen die Füll'; ich weiß nicht, was zuerst
Ich melden soll: ob die gen Himmel steigenden
Staubwolken, die sich massenhaft darstelleten,
Ob die an Riemen auf- und abwärts wiederum   705
Geschleiften, ob die Ströme mörderischen Bluts,
Wie Jene stürzten, der, weil ihm der Wagen brach,
Auf's Haupt zur Erde ward geschmettert mit Gewalt,
Und auf des Wagens Trümmern ihm das Leben schwand.
Als aber siegreich unsre Reiterschaaren sah   710
Kreon der Theber, griff er flugs nach seinem Schild,
Und zog, bevor sein Heer der Muth verließ, zum Kampf.
Doch Theseus' Schaar auch, wahrlich, starb nicht hin vor Furcht;
Nein, plötzlich stürmt sie, blanke Waffen schwingend, ein,
Und Beider Volk, das mitten im Gefild sich traf,   715
Schlug todt, ward todtgeschlagen, und von einem Theil
Erscholl der Ruf lauttönend zu dem andern Theil:
Schlagt drein, den Erechthiden reckt die Speere zu!
Da ward das Volk, entsprossen aus dem Drachenzahn,
Zum wilden Kämpfer; denn es wich bereits zurück   720
Der Unsern linker Flügel, doch der rechte trieb
Den Feind zur Flucht, noch unentschieden war der Kampf.
Doch nun erwarb sich unser Feldherr großes Lob,

Denn nicht bei diesem Sieg fand er Befriedigung,
Er eilte dahin, wo sein Heer in Nöthen war,   725
Und ruft mit starker Stimme, daß die Erde bebt:
Ihr Kinder, wenn ihr jetzt die starren Speere nicht
Der Drachenmänner hemmt, geht Pallas' Stadt zu Grund!
Das gab dem ganzen Kriegsheer wieder neuen Muth,
Und er, in seiner Hand des Epidaurers Wehr[47]),   730
Die schwere Keule, schleudert' Alles rings umher,
Die Nacken, sammt den Häuptern, die der Helm umschließt,
Abmähend, gleich den Aehrenstengeln, mit dem Holz[48]),
Und nur mit Mühe wandten sie zur Flucht den Fuß.
Ich aber sprang vor Freud' empor und jubelte,   735
Und klatschte mit den Händen, als die flohn zum Thor.
Geschrei und Wehgeklage scholl die Stadt hindurch
Von Jung und Alt, die Tempel selber füllten sie
Mit Furcht. Obgleich die Mauern offen standen, hielt
Theseus doch ein. Nicht als Zerstörer dieser Stadt —   740
So sprach er — sei er da, die Todten fordr' er nur.
Auf solchen Feldherrn falle jederzeit die Wahl,
Der unerschrocken in Gefahren sich erweist,
Dem Uebermuth verhaßt bei einem Volke ist,
Das, weil im Glück zur höchsten Staffel es gestrebt,   745
Sich um das Heil bringt, dessen es sich freun gekonnt.

Chor.

Nun, da ich diesen unverhofften Tag geschaut,
Glaub' ich an Götter, und ich fühl' erträglicher
Mein Mißgeschick, da nun gestraft die Feinde sind.

Adrastos.

O Zeus, warum doch nennt uns arme Sterbliche   750
Man weise? Hängen doch wir ab von deinem Wink,
Und können das nur thun, was eben dir gefällt.
Für unbesiegbar hielten damals Argos wir;

---

[47]) Es ist bloß die Keule, welche Theseus von dem Epidaurier Periphetes erbeutet hatte, und beständig bei sich trug.
[48]) Mit eben dieser Keule.

Und, unsrer Zahl vertrauend und der Jugendkraft,
Als Eteokles uns zum Frieden sich erbot,   755
Was billig, nur begehrte, wiesen wir's zurück,
Und fielen deßhalb.   Doch auch er, der Glückliche,
Dem Armen gleich, der unverhofft zu Schätzen kam,
Verfiel in Hochmuth; solcher Hochmuth stürzte dann
Auch Kadmos' thöricht Volk. Ach, eitle Sterbliche,   760
Die übermäßig immer ihr den Bogen spannt,
Und, ob ihr oft auch büßet nach Gerechtigkeit,
Doch nie den Freunden, nur der Schicksalslage folgt!
Ihr Städte, die durch's Wort ihr Unglück bannen könnt,
Durch Mord entscheidet ihr, durch's Wort nicht, euern Streit!   765
Jedoch, wozu dieß? Gern erführ' ich, wie du dich
Gerettet hast; dann frag' ich nach dem Weitern auch.

Bote.

Als Schrecken ob des Kampfgewühls die Stadt ergriff,
Eilt' ich zum Thore, wo das Heer einzog, hinaus.

Abrastos.

Bringt ihr die Todten uns, um die gestritten ward?   770

Bote.

Die Sieben alle, die bestürmt die hehre Burg.

Abrastos.

Wo ist die andre Volksschaar, die im Kampfe fiel?

Bote.

Ihr Grab erhielten in Kithärons [49] Thale sie.

Abrastos.

Von jenseits, oder diesseits? [50]   Wer begrub sie denn?

Bote.

Theseus, beim Schattenfelsen von Eleuthera [51].   775

---

[49] Ein dem Dionysos (Bacchus) geheiligter Berg in Böotien.
[50] D. h. von den Feinden, oder von den Unserigen?
[51] Stadt am Fuße des Berges Kithäron.

Adrastos.

Allein die nicht Begrabnen, wo verließt ihr die?

Bote.

Nicht fern von hier, ganz nah' ist Alles, was ihr liebt.

Adrastos.

Trug schimpflich Sklavenhand vom Mordfeld sie hinweg?

Bote.

Kein Sklave war bei diesem Werk in Thätigkeit.

Adrastos.

— — — — — — — — — — — — —[52]) 780

Bote.

Wärst du dabei gewesen, welches Zartgefühl
Er an den Todten zeigte, rühmend sprächst du's aus.

Adrastos.

Er selber wusch der Unglücksel'gen Wunden aus?

Bote.

Und breitet' aus ihr Lager und verhüllte sie.

Adrastos.

Furchtbar war solche Last, und noch mit Schmach verknüpft.   785

Bote.

Bringt Schmach dem Menschen seines Nebenmenschen Noth?

Adrastos.

Weh' mir, wie gerne wär' auch ich mit ihnen todt!

Bote.

Du klagst umsonst, (auf den Chor deutend) und preß'st auch diesen
Thränen aus.

Adrastos.

So scheint's, doch meine Lehrerinnen sind sie selbst.

---

[52]) Hier befindet sich eine Lücke im Texte, welche Ludwig etwa so zu ergänzen vorschlägt: „Hat mit den Leichen gar der König sich bemüht?"

Wohlan, den Leichen ſtreck' entgegen ich die Hand,   790
Und Todtenlieder, reich an Thränen, ſtröm' ich aus,
Den Freunden, deren ich beraubt, zurufend, klag'
Ich Armer einſam. Das allein iſt's, was der Menſch,
Hat einmal er's verloren, nimmermehr erlangt,
Der Hauch des Lebens; Geld und Gut erlangt man wohl.   795

(Er geht dem Theſeus und dem Leichenzuge entgegen.)

Zweite Scene.

Der Chor. Bald darauf Theſeus und Adraſtos.

Chor.
Erſte Strophe.

Mit dem Glück iſt das Leid verknüpft;
Die Stadt zwar erntet Ruhm ein,
Und die Führer ihrer Streitmacht
Zwiefältige Ehre:
Für mich jedoch ſind meiner Kinder Leichname   800
Ein bittrer Anblick; doch ein freudig Schauſpiel auch
Dieſer unverhoffte Tag,
Ob ich auch ſchaue den größten Kummer.

Erſte Gegenſtrophe.

Hätte doch unvermählet ſtets
Die Zeit, der Tag' Altmutter,   805
Mich bewahrt bis dieſe Stunde!
Was braucht' ich auch Kinder?
Dann durſt' ich nie befürchten, ſolch unſägliches
Unglück zu dulden, wenn vom Eh'joch frei ich blieb.
Doch nun läßt den Jammer klar   810
Schaun mich der Tod ſo geliebter Kinder!

(Die Leichname der Feldherren werden herbeigetragen. Dem Zuge
voran gehen Theſeus und Adraſtos.)

Doch ſeh ich bereits ja die Leichname dort
Der erſchlagenen Söhn' annahen. Wie gern

Stieg' ich mit den Kindern doch hinab
Zu des Hades gemeinsamer Wohnung!   815

Abrastos.

Zweite Strophe.

Wehllag' erhebt, ihr Mütter,
Um die hinab in's Todtenreich
Gestiegnen, erwidert in Schmerzestönen, nun ihr
Mein Trauerlied vernehmet.

Chor.

O Kinder, die mit Schmerzgefühl   820
Die Mutterliebe grüßt, an dich
Richt' ich das Wort, der du todt bist.

Abrastos.

O, weh' mir, weh! —

Chor.
Welch Leiden erfaßte mich!

Abrastos.

Ach, ach!

Chor.

— — — — — — — — [53])

Abrastos.

Wir litten, weh! —

Chor.
Das härteste Mißgeschick.   825

Abrastos.

Sehet ihr, Argos' Bürger, das Leid nicht an, das ich dulde?

Chor.

Sie sehn auch mich Unselige,
Die nun beraubt der Kinder ist.

---

[53]) Auch hier ist eine Lücke im Text, welche Ludwig, um den Zusammenhang
herzustellen, durch die Worte: „Das vom Mutterherzen kommt", ausgefüllt hat.

Adrastos.

Zweite Gegenstrophe.

Tragt her der Unglückseligen
Mit Blut befleckte Leichname,   830
Schuldlos im entscheidenden Kampf erwürgt von Solchen,
Die deß nicht würdig waren.

Chor.

Vergönnt, daß mit den Armen ich
Umschlinge sie, die ich gebar,
Daß an die Brust ich sie drücke!   835

Adrastos.

Du hast, du hast sie —

Chor.

Drückende Last des Leids.

Adrastos.

Ach, ach!

Chor.

Uns Müttern rufst du die Klage zu [54].

Adrastos.

Hört mich!

Chor.

Dein Leid und unsres beseufzest du.

Adrastos.

Hätten doch Kadmos' Reihen hinab in den Staub mich gerissen!

Chor.

O, hätt' ich niemals mich gefügt   840
In eines Mannes Ehejoch!

Adrastos.

Schlußgesang.

Seht doch der Leiden Meer, die ihr

---

[54] Mit Hermann οὖν λέγεις, statt des gewöhnlichen οὐ λέγεις.

Kinder gebar't, ihr Armen!

Chor.

Zerfleischt von Nägeln sind wir, rings
Das Haupt bestreut mit Asche. 845

Adrastos.

O, wehe mir, o weh'!
Sänk' in die Tief' ich hinab!
Raffte der Sturm mich hinweg!
Und fiele doch Zeus' Flammenstrahl hernieder auf mein Haupt!

Chor.

Schmerzvolle Ehen [55]) sahst du, 850
Schmerzvoll war Phöbos' Spruch [56]) dir;
Und, reich an Thränen, wandte sich, Oedipus' Haus
Verlassend, zu dir Erinnys.

Theseus (zu Adrastos).

Ich wollte schon dich fragen, als du deinen Schmerz
Ausließest vor dem Heere [57]), doch verschob ich es, 855
Dich anzureden. Jetzt, Adrastos, frag' ich dich:
Woher sind diese, (auf die Leichen deutend) hochberühmt durch
                                 Heldenmuth,
Entsprossen? Sage du es, als der Weisere,
Hier diesen jungen Städtern, denn du weißt es ja.
Sah' ich doch selber ihre nicht zu schildernde 860
Kühnheit, womit die Stadt zu stürmen sie gehofft.
Auch werd' ich niemals fragen — denn ich machte mich
Nur lächerlich — mit Wem im Kampf sich Jeder maß,
Und wo vom Speer des Feindes er verwundet ward.
Denn das sind eitle Worte für den Hörer nur, 865
Wie für den Sprecher selbst, wenn er im Kampfgewühl,
Wo dicht vor seinen Augen ihm die Lanze schwirrt,

---

[55]) Die Vermählung seiner Töchter mit Polyneikes und Tydeus.
[56]) Vgl. V. 147 flg.
[57]) Das attische Heer, welches siegreich mit den Leichen der Erschlagenen
zurückkehrte.

Genau berichten soll, wie brav sich Jeder hielt.
So wenig, als ich solche Fragen könnte thun,
Glaubt' Einem ich, der dieses zu bestimmen wagt.   870
Denn kaum läßt übersehen sich das Nöthige,
Wenn man im Krieg den Feinden gegenüber steht.

Abrastos.

Vernimm denn; darf ich doch, was ich mit Freuden thu',
Die Freunde loben: nun, so will ich über sie
Berichten dir nach Wahrheit und Gerechtigkeit.   875
Erblickst du ihn, beß Herz Kronions Blitz durchflog?
Er ist es, reich an Lebensgütern, Kapaneus,
Doch gar nicht übermüthig durch sein Glück; dabei
Trug er den Sinn nicht höher, als ein armer Mann.
Feind war er dem, der schwelgt' am reichbesetzten Tisch,   880
Genügsamkeit nicht ehrt'; im Gaumenkitzel nicht
Fand er das Heil, genug war ihm das Mäßige.
Den Freunden war er wahrer Freund, anwesenden
Wie fernen: viele zählt man solcher Menschen nicht.
Sein Thun war truglos, freundlich sprach er Jeden an,   885
Nicht ohn' Erfolg war's, wenn ein Hausgenoß' ihn bat,
Nicht, wenn ein Bürger. Nun vom Zweiten auch ein Wort,
Von Eteokles 58), welcher andre Tugenden
Geübt. Er war ein Jüngling, lebte dürftig nur,
Doch stieg er hoch zu Ehren im Argeierland.   890
Wohl boten oftmals seine Freunde Gold ihm an,
Doch nahm er's niemals an, daß nicht zu sklavischer
Denkart das Joch des Reichthums ihn verleitete.
Nur schlimmen Staatsverwaltern, nicht dem Vaterland
Galt seine Feindschaft: denn das Volk trifft keine Schuld,   895
Wenn schlechten Ruf ihm bringt ein schlechter Steuermann.
Hippomedon 59), der Dritte, hatte die Natur,
Daß schon als Knab' er zu der Musen Lust sich nicht

---

58) Er war der Sohn des mächtigen Argeiers Iphis, und Bruder der Euadne, der Gemahlin des Kapaneus.
59) Sohn des Aristomachos, wohnte in Argolis am Quell Lerna.

Hinneigen wollt', und nicht hinlebt' in Weichlichkeit:
Als Landbebauer gab er hartem Dienst sich hin,   900
Und wuchs heran zum Mann und zog zur Jagd hinaus,
Und Rosse tummelnd, und geübt im Pfeilgeschoß,
Wollt' er sich nützlich machen seiner Vaterstadt.
Ein Andrer, Atalante's [60] Sohn, der Jägerin,
Parthenopäos, weit berühmt durch Wohlgestalt,   905
Kam aus Arkadia zum Gestad des Inachos,
Und ward in Argos auferzogen; hier vorerst
War er als Pflegling, wie es Fremden wohl geziemt,
Niemand zur Last, noch neidisch auf die Bürgerschaft,
Kein Freund von Wortgezänk, wodurch in hohem Grad   910
Der Eingeborne, wie der Fremdling lästig wird.
Beim Heere stehend, stritt, wie ein geborener
Argeier, er für's Land, und seine Freude war
Das Glück des Volks, sein Kummer dessen Mißgeschick.
Geliebt von vielen Männern und unzähligen   915
Jungfrauen, war er seiner Tugend Hüter stets.
Kurz will ich Tydeus' [61] großes Lob verkündigen:
Nicht war im Reden glänzend er, doch im Gefecht [62].
An Geist zwar nicht dem Bruder Meleagros gleich,
Erwarb er gleichen Ruhm durch Speeres-Fertigkeit,   920
Und fand den ächten Musenton im Kampfgewühl.
Voll Ehrbegierde war er, und an Thaten reich
Sein Geist, doch hatt' er gleiche Gabe nicht, gewandt
Zu sprechen, und zu finden vieles Treffliche.
Nachdem du dieß vernommen, wundre nimmer dich;   925

---

[60] Atalante, Tochter des Jasus oder Jason, eine berühmte Jägerin, ward von Meleager, dem sie bei Erlegung des calydonischen Ebers beistand, geliebt, heirathete nachher den arkadischen Fürsten Meilanion und gebar von diesem, nach Anderen von Meleager, den Parthenopäos.

[61] Sohn des Königs Oeneus von Kalydon in Aetolien und der Peribäa, Vater des Diomedes.

[62] Hier folgt in den gewöhnlichen Ausgaben ein Vers, der kaum in den Zusammenhang paßt, dem wir deßhalb, nach Hermanns Vorgang, seine Stelle hinter Vs. 923 angewiesen haben.

O Theseus, daß sie starben vor den Thürmen hier;
Denn gute Tugendzucht erzeuget Ehrgefühl,
Und jeder Mann, der Gutes übet, scheuet sich,
Ein Feigling je zu heißen. Laßt doch Tapferkeit
Sich lehren, wie man auch ein Kindlein lehren kann   930
Zu sprechen und zu hören, was es nicht gewußt.
Was aber Einer lernte, das bewahrt er auch
Gern bis in's Alter: drum erzieht die Kinder gut.

Chor.

Weh, Kind, zum Unglück erzog
Und trug ich unter'm Herzen dich,   935
Und stand die Qualen der Geburt aus;
Und nun hat Hades
Den Lohn der Mühn dahin, ich Arme
Besitze keinen Trost im Alter mehr, obgleich
Ein Kind ich geboren.   940

Theseus.

Oïlles' eblen Sprößling [63]) loben sichtlich schon
Die Götter, die ihn lebend in der Erde Schlund
Hinabgerissen haben sammt dem Viergespann.
Wenn dann dem Polyneikes, Sohn des Oedipus,
Wir Lob ertheilen, lügen wir gewißlich nicht.   945
Mein Gastfreund war er, eh' er Kadmos' Stadt verließ
In selbstgewählter Flucht und sich nach Argos zog.
Doch, weißt du, was mein Wunsch noch wegen dieser ist?

Adrastos.

Ich weiß nur das, daß deinem Wort ich folgen will.

Theseus.

Für Kapaneus, getroffen von Kronions Strahl —   950

Adrastos.

Verlangst, als heil'gen Todten, du ein eignes Grab?

---

[63]) Amphiaraos; s. oben.

4*

Theseus.

Ja; alle Andren nehm' ein Scheiterhaufen auf.

Adrastos.

Und wo soll Jenem werden sein besondres Mal?

Theseus.

Hier, neben diesem Tempel [64]), werd' es ihm erbaut.

Adrastos.

Nun, diese Arbeit werde Dienern anvertraut.   955

Theseus.

Uns aber dieß. Der Leichenzug bewege sich.

Adrastos.

Kommt, arme Mütter, nun zu euren Kindern her.

Theseus.

Nicht angemessen ist, Adrastos, was du sagst.

Adrastos.

Wie? Darf die Mutter nicht umarmen ihren Sohn?

Theseus.

Es bräch' ihr Herz, wenn so entstellt sie diese sähn.   960

Adrastos.

Graß ist der Anblick stets von Tod und Leichnamen.

Theseus.

Was willst du noch vermehren dieser Frauen Gram?

Adrastos.

Du siegst. Harrt mit Geduld; denn wohl gesprochen hat
Theseus. Doch, wenn wir auf den Holzstoß sie gelegt,
Dann holet ihr Gebein. Ach, arme Sterbliche,   965
Was schwingt ihr Speere? weßhalb mordet Einer stets
Den Andern? Hört doch auf, laßt von dem Treiben ab
Bewahrt die Städte frieblich unter Friedlichen.

---

[64]) Vor dem Tempel der Demeter in Eleusis.

Nur kurz beschert ist uns das Leben, darum ziemt's
Gemach es zu vollenden, nicht mit Sorg' und Müh'.　　970

(Er geht ab mit Theseus, die Leichname werden fortgetragen.)

Dritte Scene.
Chor.
Strophe.

Nicht mehr glückliche Mutter, nicht mehr
Kinderreich, bin nimmer des Glückes
Theilhaftig der Mütter in Argos ich.
Nicht Artemis wird fürder
Hilfreich den Kinderlosen nahen;　　　　　975
Mein Leben ist voll Gram,
Und der irrenden Wolke gleich,
Werd' ich von Sturmwinds Hauch getrieben.

Gegenstrophe.

Sieben Mütter gebaren sieben
Söhne wir Unselige, Söhne,　　　　　　980
Vorstrahlend vor Allen in Argos' Reich.
Nun kinderlos, des Sohnes
Beraubet, altr' ich Unglückfel'ge.
Den Todten werd' ich nicht,
Noch den Lebenden beigezählt;　　　　　985
Ferne von Beiden liegt mein Schicksal.

Schlußgesang.

Uebrig blieben mir Thränen nur,
Und es mahnet, als trauriges
Angedenken an meinen Sohn,
Mich daheim das geschorne Haar,　　　　990
Nicht geschmückt mit dem Kranz das Haupt[65]),

---

[65] Bei Trauerfesten pflegte man sich nicht, wie bei anderen Festen, mit Kränzen zu schmücken.

Und was Todten gespendet wird,
Klaglieder, die nicht gern vernimmt
Apoll, der goldgelockte.
Früh wachen mit Klagen wir auf;   995
Mit Thränen werd' ich des Busenkleids
Falten beständig netzen. —
Doch sieh! schon hebt sich des Kapaneus
Ruhstatt, und das heilige Mal empor,
Und neben dem Bau   1000
Die Todtengeschenke des Theseus;
Das gepries'ne Gemahl auch deß, den Zeus
Mit dem zerschmettert, Evadne, sie,
Die Iphis gezeuget, der Völkerfürst.
Was steht auf dem luftigen Fels sie dort,   1005
Der hoch ragt über dem Tempelgebäud',
Herschreitend auf solchem Pfade?

Vierte Scene.

Evadne erscheint auf dem, den Tempel der Demeter überragenden Felsen. **Chor.**

Evadne.
Strophe.

Mit welch hellem Lichtstrahl
Schwang sich Helios damals auf,
Und Selene mit ihrer   1010
Fackel am Aether, wo schnellen Laufs
Nächtlich die Nymphen jagen [66],
Als bei meiner Vermählung
Argos' Stadt im Festgesang
Mich glücklich pries und meinen Gemahl   1015

---

[66] Es scheint Volksmeinung in Griechenland gewesen zu sein, daß die Ge-
stirne von Nymphen durch den Himmel geführt wurden. Auch Plato läßt die
Sphären von Dämonen regieren. Bothe.

Den erzumstrahlten Kapaneus!
Aus der heimischen Wohnung sprang
In bacchantischer Wuth ich fort,
Suchend den Scheiterbrand, und
Ein gemeinsam Grab mit ihm,   1020
Um im Hades zu enden
Die Mühsal
Des Lebens, und dauernde Noth.
Ist der süßeste Tod es doch,
Sterben mit dem sterbenden Freund,   1025
Wenn dieß also die Gottheit fügt.

Chor.

Den Holzstoß schon erblickst du, dem zunächst du stehst,
Die Leidenskammer [67]), welche deinen Gatten birgt,
Den von Kronions Blitzstrahl überwältigten.

Evadne.

Gegenstrophe.

Hier, wo jetzt ich stehe,   1030
Schau' mein Ziel ich: es lenkte nicht
Zufall hierher die Schritte.
Wegen des Ruhmes nun will ich mich
Stürzen herab vom Felsen,
Will in lodernder Glut mich   1035
Einen mit dem Ehgemahl,
Daß, Brust geschmiegt an Brust, im Gemach
Persephone's ich wohne. Nie
Will den Todten verrathen ich,
Der nun ruht in der Erde Schooß.   1040
Licht und Vermählung, lebet
Wohl! Wenn glücklicher Ehebund
Meinen Kindern bereinst nur
In Argos

---

[67]) $\Delta \acute{\upsilon} \eta \varsigma \ \vartheta \eta \sigma \alpha \upsilon \rho \grave{o} \nu$ mit Hermann, statt $\Delta \iota \grave{o} \varsigma \ \vartheta$.

Sich zeigt und ein Ehegenoß 1045
Mit der Ehegenossin sich,
Fern von jeglichem Trug, im Hauch
Eines edeln Gemüths vereint!

Chor.

Fürwahr, dein Vater selber schreitet dort heran,
Iphis, der Greis, um Neues zu vernehmen, was, 1050
Weil er es noch nicht weiß, ihm Schmerz bereiten wird.

Fünfte Scene.

Iphis, von Sklaven begleitet. Evadne. Chor.

Iphis (zum Chor).

Mein unglückselig Kind, ich unglücksel'ger Greis,
Der zwiefach Trauer hat zu Hause, komme her;
Denn meines im Kadmeerkrieg gefallnen Sohns
Eteokles Leichnam will zur Heimat bringen ich. 1055
Auch meine Tochter such' ich auf, des Kapaneus
Gemahlin, die mir aus dem Haus entsprungen ist,
Zu sterben Willens mit dem Gatten. Lange Zeit
Ward bisher sie daheim bewacht; nun aber ich,
Gebeugt von meinem Mißgeschick, die Hut versäumt, 1060
Ist sie entwichen. Doch, ich denke wohl, sie hier
Am sichersten zu treffen. Sprechet: saht ihr sie?

Evadne (ruft von dem Felsen herab).

Was fragst du diese da? Sieh' auf dem Felsen mich,
Gleich einem Vogel! Ueber meines Kapaneus
Unsel'gem Scheiterhaufen, Vater, schweb' ich hier. 1065

Iphis.

Was trieb, dich, Kind? Was soll der Schmuck? Aus welchem Grund
Entflohst du deiner Heimat, kamst in dieses Land?

Evadne.

Zorn möchte dich erfaſſen, wenn dir mein Entſchluß
Kund würde; darum hör' es, Vater, lieber nicht.

Iphis.

Wär's Recht, dem Vater dieſes zu verheimlichen?   1070

Evadne.

Kein weiſer Richter wärſt du beß, was ich beſchloß.

Iphis.

Weßhalb biſt du geſchmückt mit einem Feſtgewand?

Evadne.

Auf Ungewohntes, Vater, weist der Anzug hin.

Iphis.

So läßt ſich nicht, wer um den Gatten trauert, ſehn.

Evadne.

Zu einer ganz beſondern That bereit' ich mich.   1075

Iphis.

Warum dann nahſt dem Grab und Scheiterhaufen du?

Evadne.

Hier eben ſuch' ich einen ſchönen Sieg für mich.

Iphis.

Wen wollteſt du beſiegen? Wiſſen muß ich das.

Evadne.

Die Frauen alle, die der Sonne Licht beſcheint.

Iphis.

Durch Kunſt Athene's, oder ſchlau erdachten Rath?   1080

Evadne.

Durch Muth; denn bei dem Gatten will im Tod ich ruhn,

Iphis.

Was sagst du? Was soll dieses Räthsel ohne Sinn?

Evadne.

Dem todten Kapaneus stürz' ich auf den Holzstoß nach.

Iphis.

O Tochter, sprich nicht solche Worte vor dem Volk.

Evadne.

Das eben will ich: wissen soll's ganz Griechenland.   1085

Iphis.

Ich aber dulde nun und nimmer solche That.

Evadne.

Gleichviel; denn nie wird deine Hand erreichen mich.
Schon stürz' ich mich hinab: dich zwar erfreut es nicht,
Mich aber und den Gatten, der mit mir verbrennt.

(Sie stürzt sich in den brennenden Scheiterhaufen hinab.)

Chor.

Ach, ach!
Du hast, Weib, ein schrecklich Wagstück vollbracht!   1090

Iphis.

Verloren bin ich Armer, ihr Argeierfraun!

Chor.

Weh, weh!
Du, der so Schweres litt,
Solltest die gräßliche That noch, Unsel'ger, schaun!

Iphis.

Nicht fändet sonst ihr einen Jammernswerthern wohl!

Chor.

Unseliger!   1095

Du theilst Oedipus' traurig Geschick, o Greis [68]),
Theil hast du daran, Theil auch mein armes Land.

Iphis.

Ach, weßhalb ist es nicht vergönnt den Sterblichen,
Ein Jüngling zweimal und ein Greis zweimal zu sein?
Zwar, wenn in Häusern Etwas übel ist bestellt,   1100
So wenden wir's durch spätern Rath zum Richtigen,
Das Leben aber nimmermehr. Wenn zweimal wir
Jung würden, zweimal alt, dann wohl verbesserten
Im zweiten Leben wir, was wir zuvor gefehlt.
So wollt' auch ich, weil ich bei Andern Kinder sah,   1105
Gern Kinder haben und verging vor Sehnsucht fast.
Hätt' ich's erreicht dann, und an mir erfahren selbst,
Was Vaterschmerzen beim Verlust der Kinder sind,
Nie hätte mich, wie jetzt, getroffen solches Leid:
Ich, der ich Vater worden, diesen trefflichsten   1110
Der Jünglinge gezeugt [69]), bin dessen nun beraubt.
Was soll ich nun beginnen, ich Unseliger?
Zurückgehn in die Heimat? Oed' und ausgeleert
Des Hauses Räume sehn zu meines Lebens Qual?
Soll hin ich gehn zur Wohnung dieses Kapaneus?   1115
Ach nein [70])! Vormals hatt' eine Tochter ich daselbst;
Jetzt ist sie nicht mehr, sie, die meine Wange sonst
An ihre Lippen führte, die mit ihrer Hand
Dieß Haupt umfing. Für einen greisen Vater gibt's
Nichts Holderes, als eine Tochter: höher zwar   1120
Ist Knabensinn, doch minder hold zu Zärtlichkeit.
(Zu seinen Sklaven.)
Wollt ihr zurück nicht eilends führen mich in's Haus,
Mich dort in's Dunkel setzen, daß mir nahrungslos
Der greise Leib hinschwind' und ich zu Grunde geh'?

---

[68]) Oedipus hatte seine beiden Söhne durch den Zweikampf verloren.
[69]) Den Eteokles.
[70]) "Ηκιστα nach Pierson's Emendation, statt des gewöhnlichen ἥδιστα.

Was frommt mir's, zu berühren meines Sohns Gebein?   1125
O schwere Last des Alters, wie verhaßt bist du,
Verhaßt mir Jeder, der sein Leben dehnen will,
Durch Essen, weiche Lager, Zaubermittelchen
Den Strom ablenkend, daß er ja nicht sterben muß.
Die sollten, da der Welt sie nimmer nützlich sind,   1130
Hinfahren und den Jüngern aus dem Wege gehn.

                                (Er entfernt sich.)

               Eine aus dem **Chor** der **Mütter.**

Ach, ach!
Hier wird der ermordeten Söhne Gebein
Hergebracht. Ihr Sklavinnen, fasset mich
Hinfällige Greisin doch auf, denn es hat
Gänzlich die Kraft mir   1135
Der Schmerz um die Söhne geraubet.

          (Sie sinkt ohnmächtig nieder. Eine der Sklavinnen faßt sie mit
                            den Armen auf.)

Mein Leben, es währt schon lange genug;
Vielfach wird's von Kummer und Gram verzehrt;
Denn, läßt für die Sterblichen größeres Leid
Je sich erdenken,   1140
Als sterben zu sehen die Kinder?

Dritter Akt.

Erste Scene.

Die Söhne der Helden bringen deren Reste in Aschenkrügen herbei. **Theseus. Adrastos. Chor.**

Ein Knabe.

Erste Strophe.

Ich bring', ich bring'
Des Vaters Glieder, arme Mutter, aus der Glut.
Nicht leicht ward mir die Bürde vor Bekümmerniß,
Liegt doch in winzigem Raum mein Alles! 1145

Chor der Mütter.

O weh! wohin
Trägst der Mutter Thränen du
Um die Hingemordeten,
Und nur ein Häuflein Asche, statt der Leiber der
Einst in Mykene so hoch Gepriesnen? 1150

Ein Knabe.

Erste Gegenstrophe.

O Gram und Schmerz!
Ich Aermster soll, beraubt des unglückseligen
Erzeugers, fortan Waise sein im leeren Haus,
Nicht in den Armen des Vaters ruhen!

Chor der Mütter.

Weh mir! Wo ist 1155
Alle Müh' nun um mein Kind?
Für durchwachte Nächte wo

Der Dank, für Pfleg' und allzeit offne
Augen und zärtliche Mutterküsse?

Ein Knabe.

Zweite Strophe.

Sie sind dahin! Kein Kind bleibt, Mutter, dir hinfort.   1160
Dahin! es nahm sie des Aethers Raum auf;
In Aschenglut sind sie verzehrt,
Und der Geist ist zum Hades geflogen.

Ein anderer Knabe.

O Vater — denn du hörst der Söhne Jammerruf —
Werd' ich in eh'rner Wehr dereinst dein Mißgeschick   1165
Rächen?

Chor der Mütter.

O, möchte sich das erfüllen!

Ein Knabe.

O, gönnte mir die Gottheit, daß den Vater einst
Ich rächen dürfte! Nie schläft das Unrecht.

Chor der Mütter.

Weh, weh, genug ist schon des Leids,
Und genug hat mich Jammer getroffen!   1170

Ein Knabe.

Aufnehmen wird Asopos'⁷²) klare Fluth mich einst
In erzumblinkter Wehr der Fürsten Griechenlands,
Als des ermordeten Vaters Rächer.

Ein anderer Knabe.

Dritte Strophe.

Noch glaub' ich, Vater, daß du mir vor Augen stehst.

---

⁷¹) Das Gefäß, welches die Asche des verbrannten Leichnams enthält.
⁷²) Fluß in der Nähe von Theben.

Chor.

Wie zärtlich auf die Wang' er dir den Kuß gedrückt. 1175

Knabe.

Doch deiner Worte Tröstungen
Verschwinden, in der Luft verweht.

Chor.

Zween ließ in Schmerz er, die Mutter auch,
Nie weicht von dir die Klag' um den Vater.

Ein Knabe.

Dritte Gegenstrophe.

Die Last in meiner Hand bringt mir den Untergang. 1180

Chor.

O, laß' an's Herz mich drücken meines Sohnes Staub!

Knabe.

Ich weine, da dieß Trauerwort
Ich höre, das mein Herz durchbohrt.

Chor.

O Kind, du schiedst; nicht wird hinfort
Dein theures Bild erblicken die Mutter! 1185

Thesens.

Adrastos und ihr Frauen vom Argeierstamm,
Ihr seht die Knaben, die da tragen in der Hand
Der besten Väter Reste, die ich frei gemacht:
Dieß nehmet als Geschenk von mir und meiner Stadt.
Ihr aber müßt die Freundschaft im Gedächtniß stets 1190
Bewahren, wohl beachtend, was ihr mir verdankt.
Die gleichen Worte richt' ich an die Knaben auch,
Die Stadt zu ehren, und von Kind auf Kindeskind
Stets kund zu thun das Angedenken unsrer Huld.
Zeus weiß es, und die Götter, die im Himmel sind, 1195
Wie sehr von uns geehret ihr von dannen zieht.

Adrastos.

Wir sind, o Theseus, all des Guten eingedenk,
Das deine Huld im Drang der Noth an Argos that.
Nie wird veralten unser Dank; denn edeln Sinn
Habt ihr bewiesen, dafür schulden wir euch Lohn.   1200

Theseus.

Ist sonst noch Etwas, das ich euch gewähren soll?

Adrastos.

Sei glücklich! denn du bist es werth und deine Stadt.

Theseus.

So sei es, und das Gleiche werd' auch dir zu Theil!

Zweite Scene.

Athene erscheint. Die Vorigen.

Athene.

Vernimm, o Theseus, Atheneia's Rede noch,
Was du zu thun hast, daß es deinem Volke frommt.   1205
Nicht lasse diese Knaben in's Argeierland
So leichthin tragen ihrer Väter Knochenrest;
Nein, nimm für deine, wie für deiner Bürger Mühn
Erst einen Eid, den dir Adrastos schwören muß,
Der Herrscher ist, und unbeschränkte Macht besitzt,   1210
Zu leisten dir den Eid für alle Danaër.
Der Eid sei der: nie wolle gegen dieses Land
Das Volk von Argos ziehn mit einem Feindesheer,
Und kämen Andre, ab sie weisen mit dem Speer.
Doch, rückten sie, meineidig, selber vor die Stadt,   1215
Soll' Argos — also fleh' er — schmachvoll untergehn.
Nunmehr vernimm auch, wo du Opfer schlachten mußt.
Ein eh'rner Dreifuß steht daheim dir im Palast,
Den einst, als er umwarf die Vesten Ilions,

---

75) Der Aschenkrug; vgl. Anm. 71.

Herakles, andern Wagestücken zugewandt [74]),   1220
Dir am Altar des Pythiers zu weihn gebot.
Auf diesem laß verspritzen dreier Schafe Blut,
Schreib' in des Tripus Höhlung dann den Eidschwur ein,
Und übergib dem Schutzgott Delphi's ihn zur Hut
Als Eides-Denkmal, das vor Hellas Zeugniß gibt.   1225
Und wo du diese Opfer hingeschlachtet hast,
Da birg den scharfen Stahl tief in der Erde Grund,
Dem Scheiterhaufen dieser sieben Todten nah;
Denn dieses Zeichen, nahten jemals sie der Stadt,
Bereitet Jenen [75]) Furcht und schlimme Wiederkehr.   1230
Hast also du gethan, dann laß die Todten ziehn,
Und wo durch's Feuer geheiligt ihre Leiber sind,
Der Platz, an Isthmos' Dreiweg [76]), sei dem Gott [77]) geweiht.
Dieß sag' ich dir; doch ihr Argeierknaben wißt:
Herangereift einst, werdet gen Ismenos' Stadt [78])   1235
In Krieg ihr ziehn und rächen eurer Väter Mord.
Du führst, Aegialeus [79]), an deines Vaters Statt
Das Heer als Jüngling an, und, von Aetolien
Herkommend, Diomedes, er, des Tydeus Sohn.
Und ehe Flaum noch euer Kinn umschattet hat,   1240
Müßt mit dem stahlumblinkten Danaidenheer

---

[74]) Poseidon verheerte, um einen von dem troischen König Laomedon an ihm verübten Betrug zu rächen, durch ein Meeresungeheuer das Gestade um Troja, bis endlich Hesione, des Königs Tochter, durch das Loos dazu ausersehen wurde, die Beute dieses Ungeheuers zu werden. Schon war sie an den Felsen angebunden, als Herakles mit den Argonauten auf der Fahrt nach Kolchis in diese Gegend kam und dem Laomedon das Anerbieten machte, seine Tochter zu retten, wenn er ihm dagegen die Rosse überließe, welche Tros einst für Ganymedes von Zeus erhalten hatte. Laomedon versprach sie ihm und Herakles tödtete das Ungeheuer; nachher aber weigerte sich Jener, sein Wort zu halten und in Folge dessen zerstörte Herakles Troja.

[75]) Nämlich den Argeiern.

[76]) Es ist dieß der Weg, welcher von Eleusis nach Megara gegen den Isthmos führt.

[77]) Apollon.

[78]) Theben, in dessen Nähe der Ismenos vorbeifloß.

[79]) Dieser war der Sohn des Adrastos.

Gen Kadmos Burg ihr ziehn, die siebenthorige;
Denn Schrecken bringend naht ihr ihnen, wie der Leun
Erwachs'ne Brut, als ihrer Stadt Zertrümmerer.
Nicht anders ist es. Als „die Nachgebliebnen" [80]) wird   1245 .
Euch Hellas rühmen, preisen euch der Enkel Lied.
Mit solchem Kriegsheer zieht ihr unter Götterschutz.

(Sie verschwindet.)

Theseus.

Athene, Herrin, Folge leist' ich deinem Wort:
Denn du hältst aufrecht mich, daß ich nicht strauchele.
Ihn bind' ich durch den Eidschwur. Führe du nur mich   1250
Auf richt'ger Bahn; denn, bleibst du holdgesinnt der Stadt,
So leben wir auch fürderhin in Sicherheit.

Chor.

Laß' uns gehn, Abrast, und schwören den Eid
Dem Mann und der Stadt, denn sie haben für uns
Preiswürdige Mühen bestanden.   1255

---

[80]) Die „Nachgebliebenen" ('Επίγονοι) hießen vorzugsweise die Söhne der im ersten Kriege vor Theben gefallenen sieben Helden, welche in einem neuen Kriege den Tod ihrer Väter rächten.

Druck von C. Hoffmann in Stuttgart.